Heibonsha Library

［増補］破戒と男色の仏教史

平凡社ライブラリー

Heibonsha Library

［増補］

破戒と男色の仏教史

松尾剛次

平凡社

本書は二〇〇八年十一月に平凡社新書として刊行された
『破戒と男色の仏教史』に増補したものです。

目次

はじめに

たとへいかなる目を見ようと、いかなる人に邂逅《めぐりあ》はうと決して其とは自白《うちあ》けるな。一旦の憤怒悲哀《いかりかなしみ》に是戒《このいましめ》を忘れたら、其時こそ社会《よのなか》から捨てられたものと思へ。

（島崎藤村『破戒』）

本書のタイトルにある「破戒」を見て、明治三九（一九〇六）年三月、島崎藤村が出版した長編小説『破戒』を思った読者も多いかもしれません。藤村の「破戒」は、被差別部落に生まれた主人公瀬川丑松《せがわうしまつ》が、右に引用したような、その生い立ちと身分を隠して生きよ、という父からの戒めを受けて育ち、その戒めを頑《かたく》なに守って成人し、小学校教員となったのですが、結局、その戒めを破ることになるという意味での「破戒」です。

父の戒めを守ることと、その戒めを破って、告白し、負い目から自由になりたいという切ない思いの心の葛藤——本書のテーマに即していえば、破戒と持戒のはざまに生きた主人公瀬川丑松の苦悩が、小説『破戒』のメインテーマなのです。自己を偽る負い目がおりものとなって蓄積し、それに耐えられなくて、告白するにいたるわけです。

一方、本書でいう破戒とは、釈迦が定めたという規則である戒律《かいりつ》を破ることを意味しています。「持戒《じかい》」とは戒律を護持《ごじ》することです。それゆえ、島崎藤村の小説『破戒』での破戒とは異なるのですが、瀬川丑松の苦悩は、釈迦の戒に従って生きた僧侶たちにも、似たようなものがあったはずで、多くの僧侶たちは、破戒を行なっては懺悔《ざんげ》する生活を送っていたのです。

仏教の戒律の内容は、依拠する戒律書によって違いがありますが、『四分律《しぶんりつ》』という、中国、韓国、日本でよく使われた戒律書によれば、比丘《びく》という二〇歳以上の一人前の僧侶が護持すべき戒律には、不淫《ふいん》（性交をしない）、など二五〇もの戒があったのです。

従来、日本では戒律は軽視されがちで、戒律に関する研究や一般向けの本などはほとんどありません。しかし、日本の仏教が仏教である以上、本来、釈迦の定めたという戒律を無視することはできないはずです。

世界の仏教界で日本仏教が仏教にあらずといわれるのも、僧侶が妻帯するといった日本仏教の戒律軽視に由来するのです。多くの読者は、日本の僧侶が結婚していることに違和感を感じないでしょう。しかし、タイやスリランカなどでは、僧侶の妻帯は厳禁されており、女性と性的関係を持った僧侶は、僧団を追放という厳罰がくだされます。それは、釈迦が定めた戒律に、不淫戒を犯した者は僧団追放という規定があるからなのです。

ところで、僧侶の結婚の公認は、日本仏教の歴史において、決して古いことではなく、明治以来のきわめて新しいことです。明治五（一八七二）年に出された「肉食・妻帯・蓄髪勝手たるべき事」という「太政官布告《だじょうかんふこく》」によって、日本の僧侶たちは、公然と肉を食べ、酒を飲み、髪の毛を剃らず、妻帯するようになっていったのです。

また、近年、「身体論」が大いに注目されています。これは仏教研究においても、大いに重視されるべき視点です。ともすれば、仏教は、教理、教学、思想にスポットが当てられてきました。その際、身体、とくに僧侶の下半身に関する問題は、タブー視されてきました。僧侶の「破戒」行為も、廃仏論との関わりや、僧侶社会のあだ花として、論じられることが多く、日本仏教史において、正面きって論じられてきたとはいえません。

しかし、仏教の担い手であった僧侶たちの一挙手一投足に注目することは、実在としての仏教を理解するうえで、不可欠のはずです。仏教は、絵に描いた餅として、観念的な存在であったのではなく、僧侶や信仰者たちの、具体的な活動のなかに生きていたからです。

それゆえ、仏教を論じるうえでも、教理や歴史のみならず、僧侶の「身体論」的な考察は有効だといえるでしょう。

その際、僧侶たちの生きるうえでの規範であった戒律は、僧侶たちの「身体論」を考える手がかりとなるはずです。戒律は、僧侶たちの立居振舞いから、行動を規制する原理であり、明治維新までは、日本仏教において、大きな意味を有していたからです。つまり、現代の日本の僧侶たちは、もはや、そうした行動規範を失ってしまったといっても過言ではないのです。

さらに、一三、四世紀には、俊芿《しゅんじょう》、叡尊《えいぞん》、忍性《にんしょう》、興円《こうえん》、恵鎮《えちん》といった僧による戒律復興運動が続々と起こり、めざましい広がりをみせ、社会的にも大きな勢力を有していました。とくに、あまり知られていませんが、叡尊の教団は、一〇万を超す信者を有する日本最大の教団であったのです。意外かもしれませんが、戒律の復興が社会に受け入れられていたのです。

それに対して、現在、大きな勢力を有する法然《ほうねん》、親鸞《しんらん》、日蓮《にちれん》、道元《どうげん》らの教団は、対照的に少数派でした。それゆえ、戒律復興運動の背景にあった、僧侶と戒律との関係にも大いに注目すべきと考えます。

ところで、私が、鎌倉新仏教の研究を始めて不思議に思ったのは、親鸞の痛烈な僧侶集団批判といえる「無戒《むかい》」宣言でした。親鸞は、当時、最澄《さいちょう》作とされた『末法灯明記《まっぽうとうみょうき》』を引用しながら、末法の今、戒律を守っている僧は、市場にいる虎のような存在で、偽善者で危険で信頼できないと、切り捨てている点でした。親鸞のそうした、痛烈きわまりない、切々たる心情の背景には、何があったのでしょうか。こうした歯に衣着《きぬ》せぬ批評の背景に、親鸞の実体験があったはずです。

他方、叡尊・忍性らの戒律復興運動が起こっていきます。親鸞の「無戒」のベクトルと、先の叡尊・忍性らの「持戒」のベクトルとは、一見、全く相反するもので、交差するところがないようにも見えます。

しかし、中世の社会において、叡尊・忍性らの戒律復興運動が注目され、尊敬されたこと自体、僧侶たちの破戒の現実、おぞましいほど根深い破戒の現状があったはずです。親鸞の辛辣な無戒の叫びも、叡尊・忍性らの持戒の運動も、実は、同じ破戒の現実に根ざしていたと思われます。

本書では、そうした中世における破戒の現状にも、目を向けてみました。ここでは、一例として本文でも触れる『春日権現験記絵《かすがごんげんけんきえ》』を取り上げてみましょう。これは、一四世紀初めに奈良春日社に奉納《ほうのう》されたものですが、中世の興福寺《こうふくじ》僧の生活を知るうえでも重要な史料です。

その巻一五、第五段には、一三世紀前半の話として、法泉坊《ほうせんぼう》と紀伊寺主《きいのじしゅ》の話が挙がっています。図1は、興福寺僧の紀伊寺主が寝て夢を見ている場面です。剃髪《ていはつ》しているのが紀伊寺主です。寺主というのは、寺の事務担当の僧侶です。彼は、女性と覚しき人（実は稚児《ちご》）と共に寝ていることがわかります。また、枕元には刀が立てかけられています。

戒律は、一切の性交を禁じています。また、殺人の武器の所有も禁止しています。それにもかかわらず、この絵によって、興福寺僧が破戒を行なっていたことは明らかです。春日社に奉納された絵巻物の一場面に公然と描かれていたことからも、中世においては僧の破戒が一般化していたといえるでしょう。

とすれば、法然、親鸞、日蓮、道元、叡尊、忍性といった鎌倉新仏教の担い手たちも、破

図1　稚児と同衾する僧侶（『続日本絵巻大成15 春日権現験記絵下』中央公論社）

戒が一般化していた延暦寺《えんりゃくじ》や醍醐寺《だいごじ》などの官寺で、童子として過ごした経験があるのであり、寺の実態に疑問を持ち、いわば内部批判から新しい運動が生まれたともいえます。とくに、本文で述べるように、僧侶の男色《なんしょく》の一般化を目の当たりにして、自己の封印した過去をも見つめて、「無戒」と「持戒」の相反する運動が起こったといえるかもしれません。

さらに、本書では、破戒の一般化という事実を踏まえつつ、日本仏教の歴史をたどって、戒律の意味を見直してみたいと考えます。従来は、ともすれば戒律が守られなかった事実ばかりが注目され、戒律の意義は軽視されてきたからです。言い換えれば、中世の僧侶に注目して、破戒と持戒のはざまで苦悩しながら、いわゆる鎌倉新仏教を生み出していったさまを明らかにしたいと考えています。

もっとも、本書では、とくに東大寺宗性《そうしょう》の男色をはじめとする破戒に注目することになりますが、それは、決して宗性個人を糾弾するためではありません。一つには中世の僧侶たちの「身体論」を明らかにするためであり、今一つには、叡尊・忍性ほかの律僧たちの戒律復興運動の背景を明らかにするためであることを強調しておきます。本書で述べるように、宗性のみならず、官僧たちの破戒は一般的で、それゆえに、叡尊・忍性ほかの律僧たちの戒律復興運動が注目を集め、尊敬を集めたと考えているのです。

なお、法然、道元、日蓮といった鎌倉新仏教の祖師すべてに言及すると、議論が複雑になるため、本書ではとくに、律僧と親鸞に注目しています。

第一章　持戒をめざした古代

なぜ戒律が必要となったのか

天皇主宰となった仏教

日本に仏教が伝わったのは、欽明《きんめい》天皇七（五三八）年戊午《ぼご》、一説では五五二年のこととされます。朝鮮の百済《くだら》の聖明《せいめい》王（?—五五四）は、新羅《しらぎ》と高句麗《こうくり》の圧迫によって窮地に立ち、日本へ援軍を求める意味で使者を遣わし、朝廷へ仏像・経典などを送ってきたのです。日本側はこの仏教に、金色に輝く仏像に象徴される「文明」の力を読み取ったようです。いわば、仏教を宗教というよりも、〝先進文明〟の一つとして、受け入れたといえます。

このように、日本仏教は、朝鮮半島から伝わったのです。もっとも、それは公的な意味の伝来、すなわち仏教公伝《こうでん》にすぎず、私的には、それ以前から、朝鮮半島などから来た帰化人《きかじん》らによって信仰されていたと考えられます。

この仏教公伝に際し、当時の代表的な権力者である蘇我《そが》氏と物部《もののべ》氏の間で仏教の受容をめぐって争いが起こりました。一方の大臣《おおおみ》蘇我稲目《そがのいなめ》（?—五七〇）は仏教を受容しようとする崇仏派《すうぶつは》の代表で、他方の大連物部尾輿《おおむらじもののべのおこし》（？―？）は仏教の移入を拒否する排仏派《はいぶつは》の代表でした。

結局、崇仏派の蘇我氏が勝って、日本での仏教の布教が公式に認められることになったのです。蘇我氏が崇仏派であったのは、朝鮮からの帰化人を配下に置き、開明的な積極策をとっていたからと考えられます。

このように蘇我氏を中心として仏教の公的な受容が始まり、とくに、蘇我氏の氏寺《うじでら》であった法興寺《ほうこうじ》（奈良県高市《たかいち》郡明日香《あすか》村）が、その中心となったのです。ところが、六四五年の大化改新により蘇我氏が滅ぼされると、日本仏教の主宰者は、天皇であることが宣言され、僧侶の統轄者も設置されるにいたります。

その当時、東アジアの盟主の立場にあった中国は仏教がもっとも栄えた唐の時代で、仏教が皇帝との結びつきを強めていました。日本でも、それをモデルとして、天皇が仏教を主宰するようになったのです。

さらに、僧侶は官僧《かんそう》、つまり国家公務員として位置づけられました。また、天平勝宝《てんぴょうしょうほう》五（七五三）年一二月には鑑真《がんじん》が中国から招聘《しょうへい》され、僧侶が守るべき規則である戒律も正式に輸入されました。

戒律とは

戒律の「戒」は、サンスクリット語で〈sila《シーラ》〉といい、自分を律する内面的な道徳規範を意味します。他方、「律」は、サンスクリット語で〈vinaya《ヴィナヤ》〉といい、教団で守るべき集団規則のことです。

本来、「戒」を破っても罰は受けませんが、「律」を破ると罪の内容によって、さまざまな罰を受けることになっていました。このように、戒と律とは、もともと別個の概念ですが、現在、日本では、それらを一括して「戒律」とし、釈迦が定めた僧侶集団の規則の意味で使われています。

仏弟子として釈迦の悟りの境地を得るためには、戒律を守ることが当然でした。しかし、その護持すべき戒律の内容は、依拠する戒律書によって異なっていました。というのも、釈迦の時代は、随犯随制《ずいほんずいせい》といって、罪がなされるたびに、戒律が制定され、しかも、それは口頭で伝えられ、活字化されなかったからです。

釈迦の死後、僧団は分裂し、部派を形成していったのですが、それにともなって、それぞれの部派によって戒律が少しずつ異なっていきました。それゆえ、内容が異なる戒律書が編纂されたのです。もちろん、おおもとは同じなので、基本的には同じです。

そうした戒律書には、『四分律《しぶんりつ》』、『十誦律《じゅうじゅりつ》』、『摩訶僧祇律《まかそうぎりつ》』、『五分律《ごぶんりつ》』、『根本説一切有部律《こんぽんせついっさいうぶりつ》』、『パーリ律』などがあります。

また、後に（紀元一世紀前後といわれます）、修行者自身の悟りのみならず、他者の救済をもめざす大乗仏教が生まれると、大乗仏教の戒律、つまり、大乗戒《だいじょうかい》が生まれました。自己のみならず、他者の救済をめざす大乗仏教の修行者を菩薩というので、大乗戒は菩薩戒《ぼさつかい》ともいわれます。

日本では、そうした戒律のうち、『四分律』の戒律と五世紀に中国で制作されたと考えられる『梵網経《ぼんもうきょう》』の下巻に説かれる梵網菩薩戒が重要な意味を持ちました。

また、戒律は、単に僧侶集団の規範であったばかりではなく、戒律護持を誓う儀礼である受戒《じゅかい》（受ける側からは「受戒」、授《さず》ける側に立てば「授戒《じゅかい》」）が、僧侶集団にとって重要な入門・通過儀礼を構成していた点は重要です。

通過儀礼としての受戒

「受戒」とは戒律を受けることですが、それにはどんな意味があるのでしょうか。それは〝戒体《かいたい》を身に付ける〟ことです。

戒体とは、いわば、戒を守らせる種《たね》で、悪を止め善をなそうと働く力のもとなのです。たかが受戒ですが、それによって、止悪作善《しあくさぜん》の力が身に付くことになっているのです。すなわち、受戒すると戒体という種が宿り、罪を犯そうとすると、戒体が阻止してくれるというのです。

戒律書によって違いがありますが、日本で主流であった『四分律』の二五〇戒（尼は三四八戒）を受戒すると一生涯、さらに、『梵網経』の五八戒を護持すれば、生まれ変わっても永遠に、戒体が留まるといいます。

もっとも、それら戒律書に、「布薩《ふさつ》」という反省会をするように記してあることは、受戒しても悪を抑止できない場合があることを示唆していますから、何度も受戒する場合もありました。それを重受戒《じゅうじゅかい》と呼んでいます。真新しいものにも塵が付くように、戒の種にも塵が付くので、それを払い、さらにその種の力を増すことが必要だったのです。

僧侶が一人前になるには段階がありました。仏説を学ぶ必要がありましたし、剃髪《ていはつ》や法《ほう》名《みょう》をもらう得度《とくど》（出家ともいう）の儀式もあります。その得度儀礼の一つに、第一段階の受戒がありました。そして、成人した後に具足戒《ぐそくかい》（完全にそろった戒）の受戒をしたのです。そうして、一人前となり、戒体を獲得し、数々の修行を積んで悟りの道を開くことができると考えられていました。さまざまな煩悩《ぼんのう》を超越し、罪を犯さないと誓う受戒は、仏教の大前提であったのです。

依拠する戒律書によって相違がありますが、ここでは『四分律』（在家の五戒は『十誦律』）に依拠した受戒を説明しましょう。少し煩雑なので、表1も参照してください。

仏教信者は、在家《ざいけ》者（俗人の信者）と出家《しゅつけ》者に大別されます。在家者には優婆塞《うばそく》（男性）、優《う》婆夷《ばい》（女性）、出家者には、沙弥《しゃみ》、沙弥尼《しゃみに》、式叉摩那《しきしゃまな》、比丘《びく》、比丘尼《びくに》の七つの階層がありました。このうち、沙弥（男性）、沙弥尼（女性）、式叉摩那（女性）は、雛僧《すうそう》（尼も同じ）で、いわゆる小僧さんです。比丘（男性）、比丘尼（女性）こそ、一人前の出家者なのです。在家者と出家者とも

	出家者 一人前	出家者 半人前	在家者
男	比丘（二五〇戒）	沙弥（一〇戒）	優婆塞（五戒）
女	比丘尼（三四八戒）	式叉摩那（六法戒） 沙弥尼（一〇戒）	優婆夷（五戒）

表1　仏教信者の階層（カッコ内は護持すべき戒律）

に、戒律を護持しなければならないのですが、その戒律は各々異なっています。

在家信者の受戒

在家の信者は、男性も女性も、師僧の前で、仏と仏の教えと僧侶に帰依《きえ》すること（三帰《さんき》）を誓った後に、五戒の護持を誓います。すなわち、不殺生《ふせつしょう》、不偸盗《ふちゅうとう》、不邪淫《ふじゃいん》、不妄語《ふもうご》、不飲《ふおん》酒《じゅ》の五戒です。

不殺生戒は生き物をむやみに殺さない、不偸盗戒は盗みをしないという戒です。また、在家者は結婚するのが普通でしたから、不邪淫戒は、不正な性交、すなわち、伴侶以外の異性との性交を禁じたものです。不妄語戒は、嘘をつかないことで、不飲酒戒は酒を飲まないという戒です。

この不飲酒戒は、在家の信者にとっては厳しいものです。二〇年ほど前に、タイのバンコクへ調査に行った時のことです。真夏のバンコクは四〇度を超える猛烈な暑さで、うだるような状態でした。地元の大学の教授たちによる歓迎会があり、ビール好きの私は冷えたビールが飲めると期待していました。

ところが、歓迎会の席上に並んでいたのは、ビールではなく氷入りの赤い花（サラというのジュースでした。一瞬、がっかりしたものの、乾杯後は楽しい会話が弾みました。

しばらくして、聞いてみました。「ビールは飲まないのですか」と。彼らの返事は、「私たちは仏教徒であり、不飲酒戒を守って酒は飲みません。松尾先生も仏教徒だと聞いていたので、ジュースにしました」というものでした。その時、私は、本当に恥ずかしく思ったものです。

一応、仏教徒の端くれのはずで、かつまた、仏教を研究している私が、不飲酒戒を自覚していなかったからですが、我が国の仏教の特徴である戒律軽視の現状を身にしみて自覚させられたものです。タイの敬虔な仏教徒たちは、不飲酒戒も守って生活をしているのです。なお、別の戒律書による十善戒も在家信者に授戒されましたが、こちらには不飲酒戒はありません。

また、在家者の戒に、八斎戒《はっさいかい》という戒もあります。先に述べた在家者が守るべき五戒の不邪淫戒を不淫戒とした五戒と、それに不著華瓔珞《ふちゃくげようらく》（身をきらびやかに飾らない）、不塗飾香鬘《ふずしょくこうまん》（身に香を塗らない）、不歌舞観聴《ふかぶかんちょう》（歌舞を観たり聴いたりしない）の三つの戒を一つと数え、不坐《ふざ》高広大牀《こうこうだいじょう》（良い寝床で寝ない）、不非時食《ふひじじき》（正午を過ぎて食べない）のあわせて八戒を指します。後で詳述する雛僧たる沙弥が守るべき戒のほとんどを、一日一夜限定で護持するわけです。

出家者の受戒

出家者になろうとする男性は、まず、一人の戒律に精通した戒師の前で一〇戒の護持を誓って、沙弥という雛僧になりました。その一〇戒とは、不殺生・不偸盗・不淫・不妄語・不飲酒・不塗飾香鬘・不歌舞観聴・不坐高広大牀・不非時食・不蓄金銀宝《ふちくこんごんほう》です。

在家者の五戒に、不塗飾香鬘戒以下の五戒が加わっています。また、不淫戒は、在家者と異なり一切の性交が禁じられています。不塗飾香鬘戒というのは、花鬘《はなかずら》をつけず、香を身に塗らない戒で、ようするに化粧・装身をしないということ、不歌舞観聴戒とは、歌も舞いもせず、それを観に行ったり聴いたりもしないということです。不坐高広大牀戒とは、高くて幅が広く大きいベッドの上に寝ないことです。インドでは、虫などが多く、地面から床を高くして幅の広いベッドで眠ることが快適なのですが、仏教者はあえてそれを拒否していたのです。不食非時食戒は、非時、すなわち正午以降に食事をしないという戒です。不蓄金銀宝戒は、金銀宝物を執持《しゅうじ》しないことを意味しています。

ただし、まだ半人前の沙弥が戒を犯しても罰則は決まっておらず、師主の判断に任されていました。沙弥は、二〇歳になると、一〇人の戒師（三師七証《さんししちしょう》、十師ともいう）の前で二五〇もの戒律護持を誓って、一人前の僧たる比丘となったのです。二五〇戒は、完全にそろった戒という意味で「具足戒」（比丘尼の三四八戒も）ともいいます。

懺悔しても許されない破戒

とくに、不淫・不盗・不殺生・不妄語の四戒の破戒は、波羅夷罪《はらいざい》と呼ばれ、懺悔《ざんげ》しても許されない、僧団追放という厳しい刑に処されることになっていました。

まず不淫戒ですが、異性はもちろん、同性や動物との故意の性交を禁じています。ただし、犯された場合は、故意ではないので、犯戒になりません。

この不淫戒が決められたいきさつは、ある僧侶が、母親に乞われて、出家前に結婚していた妻と性交を行なったための処置であったといいます。その後、獣姦をなす者が現われたので、獣姦も禁止されることになったのです。

不盗戒は、盗みを禁じています。不殺生戒は、比丘が、自ら直接に人を殺し、また、種々の手段をつくして殺すことや、人を自殺させようとして、刀を他人に授けたり、自殺の方法を教えたりすることも禁じています。さらに、相手に、生きる苦しみを説き、むしろ死して天上界などの生活に入ることの快さを説いて死にいたらしめることも禁じています。波羅夷罪としての不妄語戒は、一般的に嘘をつくことを禁じているのではありません。我は悟ったと大言壮語することを禁じているのです。

以上のような一人前の僧になろうとする沙弥に具足戒を授ける場、すなわち、授戒の場は、戒場とか戒壇《かいだん》と呼ばれました。

女性の出家

女性は、インドにおいて、差別を受けていました。そのため、インドで生まれた仏教においても、女性は、男性よりも罪深く、欲望に満ちた存在と考えられていたのです。そのことは、仏陀《ぶつだ》（釈迦）が女性の出家に対して、積極的ではなかった点にも読み取れます。すなわち、仏陀が故郷に帰った時に、仏陀の養母マハー・パジャパティが出家を望んだのですが、仏陀はなかなか許そうとはしませんでした。弟子のアーナンダの取りなしで、ようやく許可されたのです。その際に、いくつかの差別的な条件が出されたといいます。たとえ出家した年数が百年であっても、一年に満たない比丘にさえ礼拝しなければならない、とか、比丘を罵《ののし》ったり謗《そし》ったりしてはならない、といった条件で、八項目あったので八《はっ》敬法《きょうほう》といいます。

このように、女性の出家は、男性と比較すると困難があり、護持すべき戒律も数が多いなどの差別がなされたのです。

出家を望む女性は、一人の戒師の前で一〇戒の護持を誓って、沙弥尼という雛尼《ひなに》となりました。沙弥尼は、一八歳になると男性にはない六法戒《ろっぽうかい》の護持を誓って式叉摩那《しきしゃまな》となり、その後、二年間は式叉摩那として修行します。

六法戒は、不淫《ふいん》・不摩触男子《ふましょくなんし》（男身に触れる）・不盗五銭《ふとうごせん》・不殺《ふせつ》・不大妄語《ふだいもうご》（我は悟ったと大言壮語すること）をなせば追放することと、通常の妄語・非時食・飲酒を犯す者、及び淫などの追放刑に当たる罪の未遂者は、それまでの期間の修練を無効として改めて二年間修行させること、を定めています。この女性だけにある二年間は、出家生活に耐えられるか、妊娠していないかを確かめるためと称されています。

二〇歳（既婚者は一二歳以上）になると、尼寺の戒壇で尼一〇人の戒師の前で三四八戒の護持を誓い、その後さらに、僧寺の戒壇で僧一〇人の戒師の前で三四八戒の護持を誓って、一人前の尼たる比丘尼となったのです。三四八戒のうち、とくに八戒は波羅夷罪とされ、先の比丘の四つの波羅夷罪に、情欲をもって男身に触れるなどが付加されています。

僧侶たちの反省会

さらに、注目すべきことに、布薩《ふさつ》行事があります。いわゆる反省会で、僧侶たちは、月に二度、半月ごとの新月と満月の日に集まって、比丘の非行を禁じた比丘戒《びくかい》を誦《しょう》して、過去半月の行為を反省し、罪あるものは告白懺悔したのです。この布薩は、後で触れる、鎌倉時代の律僧たちの統合に大きな意義を有しました。

以上のように、仏教信者たちは、護持すべき戒律に相違がありましたが、階層が変化するたびに、異なる戒を受けたのです。すなわち、受戒儀礼は、仏教信者にとって入門・通過儀礼の一つであったのです。

日本最初の出家者、善信尼

こうした授戒儀礼が最初に問題にされたのは、崇峻《すしゅん》天皇元（五八八）年のことでした。この年に、すでに出家していた善信尼《ぜんしんに》（五七四—？）が、出家は戒をもととするから、百済《くだら》に渡って受戒の法を学んできたいと語ったといいます。

善信尼は、渡来系氏族で、蘇我氏の法興寺創建や大陸文化の受容に積極的な役割を果たした司馬達等《しばたっと》の娘（俗名、嶋《しま》）でした。

善信尼は、二人の従者（禅蔵尼《ぜんぞうに》、恵善尼《えぜんに》）とともに、敏達《びだつ》天皇一三（五八四）年に、高句麗の還俗僧《げんぞく》恵便《えびん》を師として、一一歳の時に出家しました。彼女らこそ、日本最初の尼といわれています。善信尼らは、まもなく百済に渡り、如法《にょほう》の受戒を受けて二年後に帰国しました。

その後、三人の尼は桜井寺《さくらいでら》（廃寺、現在の奈良県桜井市）に住み、彼女らのもとで、大伴狭手彦連《おおとものさでひこのむらじ》の女《むすめ》善徳《ぜんとく》、大伴狛夫人《おおとものこまいろえ》《ひと》新羅媛《しらぎひめ》、百済媛《くだらひめ》らが出家したといいます。

しかし、善信尼は年齢などから、はたして正式な比丘尼となるための受戒を受けたのかは疑問とされています。というのも、善信尼は、帰国した崇峻天皇三年において、まだ一七歳にすぎず、如法の比丘尼となる資格年齢に満たないからです。

ただし、先述のように既婚者であれば一二歳以上で比丘尼となれる規定があります。が、その面もはっきりしません。ここでは、日本初の出家僧が女性と考えられていること、『四分律』に基づく正式な受戒のためには大陸に渡る必要があったことを押さえておきたいと思います。

待たれていた鑑真と国立戒壇

鑑真来朝

日本の戒律史上、最大の画期といえるのは、中国人僧鑑真《がんじん》（六八八―七六三）による授戒制の樹立です。

鑑真といえば、日本から遣わされた栄叡《ようえい》・普照《ふしょう》の二人の招きに応じ、五度の渡航失敗にもめげず、六度目の渡航によって、一二年目の天平勝宝五（七五三）年一二月に来日し、戒壇を築き、授戒制度を創始した僧として有名です。この鑑真の苦難に満ちた来日の物語は、井上靖の『天平《てんぴょう》の甍《いらか》』に魅力的に描かれていますが、鑑真は、この困難な旅と老衰により失明してしまったことは、よく知られています。

鑑真は、揚州江陽県《ようしゅうこうようけん》（現、中国江蘇省《こうそしょう》）の出身で、一四歳で出家しました。一八歳となった七〇五年には南山律宗《なんざんりつしゅう》の菩薩戒を受け、二一歳の七〇八年に具足戒を受けました。その後、高僧を歴訪して研鑽《けんさん》を重ねたといいます。

鑑真は、戒律を講ずること一三〇回、一切経《いっさいきょう》（一切の経典のことで、仏教経典の総称。大蔵経《だいぞうきょう》とも）を書写すること三部（三万三〇〇〇巻）、得度させたり、戒を授けた弟子は四万人余であったといいます。すなわち、当時、中国中部あたりの律僧として、鑑真が第一人者であったのです。

栄叡と普照は、そうした彼の声望を聞き、七四二年、揚州大明寺《だいみょうじ》に鑑真を訪ね、鑑真の弟子たちに戒師としての来日を求めたといいます。しかし、弟子で手を挙げるものがいなかったので、鑑真自身が、その熱意に応じて渡海を決意したといわれています。

国家的授戒制の樹立

先述したように、出家者が一人前の僧となるためには、戒壇という施設で、一〇人の有資格者の僧（戒師）から具足戒を受けねばならないのですが、八世紀前半の日本には、中国でも認められるような正式な戒壇はなく、渡来僧がいたにせよ、戒律を授ける資格のある僧も不足していました。それゆえ、鑑真のような戒律に精通した律僧が切に必要とされたのです。

天平勝宝五（七五三）年一二月に来日した鑑真は、翌六年二月、東大寺大仏殿前に戒壇を築き、聖武《しょうむ》上皇、光明《こうみょう》皇太后、孝謙《こうけん》天皇らに菩薩戒《ぼさつかい》を授けました。

すでに述べたように、菩薩戒は、『四分律』による戒とは別で、自己のみならず他者救済をめざす菩薩が守護すべき戒で、俗人にも出家者にも共通する戒です。鑑真自身、菩薩たらんとして菩薩戒も護持していました。

そして翌年五月一日には、先の天皇が受戒した壇の土を大仏殿の西に移して、戒壇院《かいだんいん》を作る命令が出されました。

東大寺は、神亀《じんき》五（七二八）年、聖武天皇の皇太子、基王《もといおう》の菩提を追修《ついしゅ》するために建てられた金鐘山寺《きんしょうせんじ》（もとは、現在の滋賀県甲賀《こうか》市信楽《しがらき》町に建立）に由来し、天平一七（七四五）年に現在地（奈良市）に移りました。校倉造《あぜくらづく》りの正倉院《しょうそういん》や天平勝宝四年四月に完成した大仏で有名です。戒壇院は、現在も大仏殿の西側にあります。

戒壇院は、天平勝宝七年九月に完成し、一〇月一三日には落慶法要《らっけいほうよう》が行なわれました。同月一五日には、東大寺戒壇院において、鑑真以下一〇人の戒師（三師七証）によって、『四分律』に説く二五〇戒が受者に授けられたのです。

ここに日本における正規の授戒が始まりました。その授戒を受けたことを証する証明書は戒牒《かいちょう》と呼ばれました。

空海《くうかい》の戒牒（写し）が伝わっていますので、見ておきましょう。

元興寺《がんごうじ》
大徳《だいとく》泰信律師《りつし》、和上《わじょう》として請《しょう》じたてまつる
西大寺《さいだいじ》
大徳勝伝律師、羯磨《こんま》として請じたてまつる
東大寺《とうだいじ》
大徳安禎律師、尊証《そんしょう》として請じたてまつる
東大寺
大徳真良律師、教授《きょうじゅ》として請じたてまつる
東大寺
大徳安暨律師、尊証として請じたてまつる
興福寺《こうふくじ》

大徳信命律師、尊証として請じたてまつる
東大寺
大徳薬上律師、尊証として請じたてまつる
招提寺《しょうだいじ》
大徳豊安律師、尊証として請じたてまつる
招提寺
大徳安琳律師、尊証として請じたてまつる
興福寺
大徳霊忠律師、尊証として請じたてまつる
西大寺
大徳平福律師、尊証として請じたてまつる
沙弥《しゃみ》空海《くうかい》稽首《けいしゅ》和南《わなん》、大徳足下《だいとくそっか》、窃《ひそか》におもえらく、(中略)、但《ただ》し、空海、因《いん》を宿《やど》し、幸《さち》多《おお》く、法門《ほうもん》に遇《あ》うを得《え》、(中略)今、延暦十四年四月九日を契《ちぎ》りて、東大寺戒壇院において、具足戒《ぐそくかい》を受《う》く、伏《ふ》して、願《ねが》はくば、大徳、慈悲《じひ》戡済《かんさい》せよ、少識《しょうしき》、和南疏《わなんそ》、

延暦十四年四月九日　沙弥空海疏

この史料は、延暦一四（七九五）年四月九日付け空海戒牒の写しです。「元興寺大徳泰信律師、和上として請じたてまつる」とあるように、元興寺泰信以下の一一人が三師七証を勤めた戒師です。本来、三師七証は一〇人ですが、その役割を一一人で担うこともあったようです。

三師とは、授戒の責任者たる戒和尚《かいわじょう》、授戒儀式を取り仕切る羯磨師《こんまし》、沙弥に作法を教える教授師《きょうじゅし》のことで、七証は尊証《そんしょう》、すなわち、立ち会って証明する証明師《しょうみょうし》です。大学の博士号を取得する際の審査官を思い浮かべるとわかりやすいでしょう。この戒牒から、空海が、延暦一四年四月九日付けで、東大寺戒壇にて具足戒を受けたであろうことがわかります。

もっとも、空海がこの日に受戒したかどうかは、疑問視されているのですが、ここでは、戒牒の形式だけを確認しておきます。これが中国などでも認められた戒牒の形式で、一種の「学位記」のようなものだったのです。

世界基準に準拠した日本の授戒

ところで、鑑真による、東大寺戒壇での授戒制の開始は、いくつかの重要な意義を有していました。

一つは、東アジア世界に関わる意義です。鑑真は中国人僧であり、鑑真と彼とともに来朝した僧らによって、中国においても公認された正規の受戒が始まった点です。

当時の中国は、東アジア世界の盟主であり、日本からも多くの僧侶が渡っていきました。その際、戒壇での受戒がなされていなかった日本からの比丘たちは、沙弥、すなわち、一人前ではない雛僧の扱いを受けたはずです。このことは、後に触れる道元の入宋《にっそう》の際の事例から推測されます。それゆえ、東大寺戒壇での授戒制の創始によって、中国に渡った日本の僧たちが、沙弥扱いされることはなくなったと考えられます。

官僧の序列のはじまり

今一つの意義は、日本の僧侶集団内に、戒臘《かいろう》（臈次《ろうじ》とも）という新たな序列秩序原理が成立した点にあります。

戒臘というのは、戒壇で授戒を受けて何年目であるかを意味します。この戒臘は、「年戒《ねんかい》」という言葉があるように、年齢とともに、僧侶集団内の序列秩序原理として重要な意味を持つようになっていきました。

たとえば、僧侶たちが法会《ほうえ》に招かれた際に、上座に誰が座るかといった場合、戒臘が上であれば、年齢が下であったとしても、上座に座らせたのです。すなわち、戒臘原理は、年齢原理よりも優先したのであり、東大寺戒壇での授戒制の開始は、その面でも大きな意義を有したのです。

前述の通り、古代の正規の僧侶は、天皇が任命権を握る官僧《かんそう》でした。いわば、国家公務員的な官僚僧です。それゆえ、東大寺戒壇は国立戒壇であり、こうした授戒制の創設により、官僧集団内の新たな序列秩序原理が成立したことになるのです。

日本は年功序列社会とよく言われます。年齢や、入社してからの年数が、能力（成果）よりも重視される社会なのです。私は、大学教師の端くれですが、研究重視のはずの大学においてすら、年齢や大学教師になって（あるいは准教授歴）何年目かというのが、昇進の際に大いに考慮され、業績は二の次にされているのをしばしば経験しています。大学で喩《たと》えれば、戒臘というのは、大学教師になって何年目という序列に近いものです。もっとも、近年は年功序列も崩れてきていますが。

次は、『沙石集《しゃせきしゅう》』(一二八三年成立)の「律学者《りつがくしゃ》ノ学《がく》ト行《ぎょう》ト相違《そうい》セル事《こと》」の部分訳です。

唐の龍興寺《りゅうこうじ》の鑑真和尚は聖武天皇の治世下に来日し、奈良の東大寺、鎮西《ちんぜい》(太宰府《だざいふ》)観世音寺《かんぜおんじ》、下野《しもつけ》(栃木県)の薬師寺に三つの戒壇をお建てになり、戒律を広め、規定にかなった受戒を開始されたけれども、時の経過に従って儀は廃れ、中古よりは、ただ名ばかりの受戒といって、諸国より(戒壇に)集まってきて、あたかも戒壇を走り回るばかりで、大乗戒小乗戒の戒の内容も知らず、破戒の際にどう処置したらよいかもわきまえず、わずかに戒臈の年数を数え、空しく供養を受ける僧になりはてて、戒律を護持する人もいなくなった。

従来、ともすれば、一三世紀末において授戒制が形骸化したことを示す史料として注目されてきました。たしかに、大乗戒・小乗戒の内容も知らず、戒を犯した者をどう処置したらよいかもわからない、というように、僧侶が戒律を護持していなかったことは確かです。ただ、ここで注目したいのは、一三世紀末においても、戒臈を生み出していた点です。たとえ「名ばかり」の受戒であっても、「わずかに戒臈の年数を数え」というように、東大寺戒壇などでの受戒は、僧侶集団の席次を定める基準、僧侶集団内の序列編成原理を形成する戒臈を生み出す機能は果たしていたのです。

三つの国立戒壇

東大寺のほか、天平宝字《てんぴょうほうじ》五（七六一）年正月には、筑前観世音寺（福岡県太宰府）と下野薬師寺（栃木県）にも、鑑真によって国立戒壇が樹立されました。各々、九州と関東地方の沙弥が受戒したのです。

太宰府は九州地方の行政機関（大宰府《だざいふ》、その遺跡が現在の太宰府市にある）の所在地なので、そこの観世音寺に戒壇が置かれたのは容易に理解されますが、下野薬師寺（栃木県下野市）に置かれたのは一見奇妙です。おそらく、八世紀後半において下野は国家的戒壇が置かれるほど、関東地方の中心であったということなのでしょう。

これら両戒壇での授戒も、東大寺と同様、『四分律』に基づいて行なわれました。授戒の際の戒師は、五人（三師二証）で、東大寺戒壇での授戒（三師七証）よりも略式で、戒和上は東大寺戒壇の一〇師から選ばれたことは注目されます。

こうして、三つの国家的戒壇が成立しましたが、薬師寺戒壇での授戒は、三年に一度しか開催されず、一一世紀には機能を停止しています。三年に一度しか開催されなかったことに加えて、延暦寺座主《えんりゃくじざす》となった円仁《えんにん》（七九四―八六四）が下野国の出身で、下野一帯の受戒希望者を延暦寺で受戒させせることに成功したことが、薬師寺戒壇衰退の大きな要因となったようです。なお、円仁は東北にまで弟子を遣わし、天台宗を関東東北一円に広め、延暦寺での受戒者がますます増えたのです。

他方、東大寺と観世音寺での授戒制は、毎年開催を原則とし、三、四月と実施日は変わりつつも、中世を通じて機能したと考えられます。

以上の原則は恒例の受戒についてですが、天皇家や藤原氏の一族といった貴種の人のために、臨時の授戒も行なわれていました。

延暦寺戒壇の成立

最澄がめざした大乗仏教

こうした三国立戒壇体制に異を唱えたのが最澄《さいちょう》（七六七―八二二）です。最澄は神護慶雲《じんごけいうん》元

（七六七）年（一説によれば七六六年）に近江《おうみ》（滋賀県）に生まれ、一三歳で近江国分寺《こくぶんじ》の行表《ぎょうひょう》の弟子となり、一五歳の時に同じく国分寺で得度しました。

延暦四（七八五）年には東大寺戒壇で受戒し、同年に比叡山《ひえいざん》（現在の京都市と滋賀県大津市にまたがる山）に登り仏道修行に励みました。これが後の比叡山延暦寺の基礎です。

最澄は、誰でも悟りを開いて仏となることができる素質（仏性）があるという悉有仏性説《しつうぶつしょうせつ》の立場を主張しました。それは、出家修行したものだけが悟りに達するとする法相宗《ほっそうしゅう》などの立場を小乗《しょうじょう》の立場として批判し、自己の立場を大乗《だいじょう》（大きな乗り物）と主張するものでした。

先述したように、仏教は、自己の悟りのみをめざす小乗仏教と、自己の悟りのみならず他者の救済をめざす大乗仏教の二つに大きく区分されます。もっとも、最近では、小乗仏教という呼称は、大乗仏教側からの貶称《へんしょう》だとして、部派仏教《ぶはぶつきょう》といった言い方がされます。

そして、自己の悟りのみをめざす僧を声聞僧《しょうもんそう》といい、自己のみならず他者の救済をめざす僧が菩薩僧《ぼさつそう》と呼ばれるのです。最澄は、延暦寺を大乗仏教の寺院と位置づけ、そこに住む僧は菩薩僧であるべきと考えました。

さらに、その立場から、最澄は、弘仁《こうにん》九（八一八）年に、自分も受けた東大寺での受戒を小乗戒の受戒として否定し、大乗戒壇（延暦寺戒壇）の樹立を主張したのです。それは、小乗系の『四分律』ではなく、大乗菩薩の守るべき戒と考えられていた『梵網経《ぼんもうきょう》』下巻に説く十重四十八軽戒《じゅうじゅうしじゅうはちきょうかい》（以下、「五八戒」ともいう）を一人前の出家者たらんとする者に授戒するものでした。

本来、菩薩というのは、自己の悟りのみならず、他者の救済のために仏教修行に励む人のことで、僧侶だけでなく在家信者であっても菩薩になりえたので、この戒だけで比丘と認められることはなかったのです。それゆえ、最澄の構想は、後述するように、興福寺や東大寺ほかの僧たちの反対にあうことになります。

最澄は、『梵網経』下巻に説く十重四十八軽戒を、釈迦を菩薩戒の戒和上《かいわじょう》、文殊菩薩を羯《こん》磨師《まし》（ここでは授戒儀式の進行役）、弥勒菩薩を教授師《きょうじゅし》（沙弥に教授する役）、十方の仏を証師《しょうし》（証明師）、十方の菩薩を同学等侶《どうがくとうりょ》（立会人）として授ける大乗方式を主張し、延暦寺に大乗戒壇の樹立を試みたのです。

釈迦以下の戒師は目には見えない存在なので不現前五師《ふげんぜんごし》といい、実際的には、延暦寺座主《ざす》が伝戒師となって授戒は行なわれました。この点は、最澄の弟子である円珍《えんちん》が、延暦寺戒壇で受戒した時の戒牒を後で載せますので、具体的に理解していただけると思います。なお、戒師を媒介とせず、釈迦以下の戒師から直接戒を授けられる最澄の授戒は、後述する一種の自《じ》誓受戒《せいじゅかい》であったと評価できます。

大乗と小乗、戒律の違いは？

十重四十八軽戒は、先述の『四分律』の戒とほぼ同様の内容もありますが、独特な内容の戒もあります。たとえば不淫戒は、似てはいますが相違があります。

まず、『四分律』の不淫戒を挙げます（以下、『四分律』、『梵網経』の引用は訳文）。

> もし比丘が、他の比丘とともに戒に従った生活をしながら、戒を捨てず（僧をやめることもなく）、戒を守れそうにないのを悔いることもなく、不浄を行ない、性交をなすならば、あるいは動物と性交をなすならば、これは比丘の波羅夷罪を犯したことになり、共に生活することはできない。

『四分律』では不淫戒は、先述したもっとも重い波羅夷罪の筆頭に位置づけられています。

一切の性交を禁止し、動物との性交（獣姦）も禁止されています。「戒を捨てず、戒を守れそうにないのを悔いることもなく」というように、「捨戒《しゃかい》」すなわち、比丘を止めるなら性交しても構わないが、「捨戒」せずに故意に性交したら僧団を追放すると記されているのは、隠れて淫行する僧が後を絶たなかったことを示唆しています。また、獣姦はインドにおいて存在していたのです。

『梵網経』の不淫戒はどうでしょうか。

なんじ仏子よ、自ら性交をしたり、人に教えて性交をさせたり、あるいは、一切の女性とはいうまでもなく性交をしてはいけない。（中略）動物の雌、諸天《しょてん》・鬼神《きじん》の女、および、道を外れて（ここでは近親相姦のこと）、性交をすべきであろうか（すべきではない）。しかも、菩薩は、まさに孝順の心を生み、一切の衆生《しゅじょう》を救い、浄法《じょうほう》を人に教えるべきなのに、かえって、一切の人に淫欲を起こさせ、動物、ないし母・娘・姉妹・六親を選ばずに、淫行を行ない、慈悲の心がなければ、これ菩薩の波羅夷罪である。

こちらの不淫戒では、自己のみならず、他者に教えて性交させることも禁止されていますし、動物のみならず、諸天・鬼神の女の誘惑に乗ることも禁止されています。近親相姦の禁止が記されていることは、背景にそうした社会現象があったのでしょう。『梵網経』においては、『四分律』で筆頭に位置づけられた不淫戒が第三番目に位置づけられています。慈悲を重んじる『梵網経』は、第一重戒に不殺生戒を挙げ、生命を最重要視しているのです。これについては、第三章の「戒律の復興を人々に広める」で詳しくみます。

酒と梵網戒

次に、最澄が主張した大乗の戒律である『梵網経』にのみ見える独自の戒を紹介します。

なんじ仏子よ、自ら酒を酤《う》り、他人に教えて酒を酤らしめるならば、酤酒《こしゅ》の悪因、悪縁、悪法、悪業《あくごう》がある。一切の酒を酤ることをしてはならない。（後略）

これは、第五重戒の「酤酒」を禁ずる戒です。酤酒とは、酒を販売することですが、不飲酒戒とは別に、酒を自分で売ったり、人を使って売らせることを禁じています。この戒は、日本社会に大きな影響を与えました。

北条時頼《ほうじょうときより》を首班とする鎌倉幕府は、建長《けんちょう》四（一二五二）年九月、鎌倉や諸国の市場に酤酒禁令を出しました。「酤酒」の禁止の法律は、この時が最初です。この法律は、後に文永《ぶんえい》元（一二六四）年四月、弘安《こうあん》七（一二八四）年六月（東国諸国の市《いち》を対象に）、正応《しょうおう》三（一二九〇）年（東国諸国の市か）にも出されています。

もっとも、こういう酒の販売を禁止する法が出されたからといって、どの程度、厳守されていたかは別の話です。繰り返し出されていたことは、逆に、しばしば守られていなかったことを示しているからです。文永元年の法によれば、鎌倉で消費される酒が遠く筑紫（福岡県）から「土樽《つちだる》」と称して運ばれてきています。すなわち、その実効性に大いに疑問があるのです。

しかし、建長四年九月の鎌倉に関しては、かなりの厳しさで施行されたようです。というのも、『吾妻鏡』によれば、鎌倉中の酒の販売の禁止を担当者に命じ、民家の酒壺を調べさせ、自家消費用の一壺を除いてほかは破壊させたという、熱の入れようであったからです。

酒好きの多かった武士たちの都、鎌倉で、なにゆえ、建長四年に酒の販売を禁止する法律が初めて出され、少なくとも厳守されようとしたのか、一見不思議です。鎌倉人には、北条時頼の「徳政」というより悪政だ、といった恨みの声があがったことでしょう。

そうした法をなぜ北条時頼を首班とする幕府が出したのかを明確に伝える史料はないのですが、推測させる論拠はあります。結論を先に述べれば、酤酒の禁止は北条時頼が蘭渓道《らんけいどう》隆《りゅう》に帰依したことによるのではないか、ということです。

蘭渓道隆（一二一三―七八）は宋から来日した禅僧で、建長三（一二五一）年には鎌倉にいたらしく、建長五年一一月に建長寺《けんちょうじ》ができると、北条時頼からその開山に招かれています。時頼は、康元《こうげん》元（一二五六）年一一月二三日には道隆を戒師として出家し道崇《どうすう》という法名を名乗り、最明寺《さいみょうじ》に住んだのです。すなわち、半人前の僧である沙弥（ゆえに、半ば俗人的生活をするのも黙認されやすい）ではあれ、禅僧となったのです。それゆえ、北条時頼の道隆への傾倒ぶりは顕著なものであったと考えられます。

その禅僧たちが依拠した戒律こそは、『梵網経』の下巻に説かれている、十重四十八軽戒（一〇の重要な戒と四八の補助的な戒）です。その第五重戒に、この「酤酒」の戒があります。すなわち、酒を販売してはならないことになっているのです。とすれば、戒律に厳格であった道隆に帰依し、その教えを受けた北条時頼は、仏教者の理想を都市民にも守らせようとしたと考えられます。

延暦寺がとった酒税

ところで、中世において延暦寺は、京都の酒屋を管轄下に置き税金をとっていたことはよく知られるところです。他人に酒を売らせ、上前をはねていたともとれる行為です。酒屋から税を取ることができたのは、おそらく、酒屋に対して、延暦寺に金などを寄付することで「酤酒」戒を犯したことを償える、としたのではないでしょうか。寄付は作善の一つですから、それによって酒の製造販売を容認してもらっていたのではないでしょうか。

なんじ仏子よ、あえて肉食をすべきであろうか、一切の肉を食べてはならない。

(後略)

これは、『梵網経』の第三軽戒の食肉を禁じた規定ですが、仏弟子たらんとする者は、一切の肉を食することを禁じられていたのです。これも、命を重視する第一重戒と関連しますが、この肉食禁止規定は、精進料理や、魚を食べて「肉」を食べないという日本人の食習慣形成の思想的背景となったと考えられます。このように俗人の日々の食生活にも戒律は影響を与えていたのです。

怨霊と延暦寺戒壇の成立

この『梵網経』の五八戒は、僧侶と俗人に共通の戒なので、その護持を誓うこと、つまり、受戒によって一人前の僧侶となれるものではありませんでした。最澄が、それをもって一人前の僧侶のための授戒としようとしたことは、仏教教学上、破天荒ともいえる画期的なことであったのです。

そのうえ、最澄は、朝廷に対して、延暦寺方式の授戒を従来の東大寺戒壇での授戒と同じ効力をもつものとせよと要求したため、興福寺や東大寺といった南都系の官僧たちの反発を招きました。もちろん、そうした反発の背景には、仏教教理上の問題があるのみならず、官僧授戒制の独占を脅かすものでもあったからでしょう。

結局、最澄の宿願であった延暦寺戒壇の樹立が認められたのは、最澄の死後七日目にあたる弘仁一三（八二二）年六月一一日でした。

そうした前代未聞の方式の戒壇が朝廷によって認められた背景には、弟子光定《こうじょう》らの努力があったとはいえ、最澄死後七日目に認められたことからも、朝廷内に高僧最澄が怨霊化《おんりようか》するのを畏《おそ》れる気持ちがあったと推測されます。

当時、死後、四十九日（とくに初七日は大事）の間に、死者の往き場所が決まるとされ、その間の作善《さぜん》が重視されたのです。一〇世紀に菅原道真《すがわらのみちざね》の怨霊が天変地異を引き起こしたと考えられていたことは有名ですが、朝廷に恨みを抱いて死を迎えた者の怨霊を畏れる風潮は、最澄の頃にもあったのです。

そうした最澄のライフワークともいえる延暦寺での授戒は、弘仁一四（八二三）年四月一四日に、義真《ぎしん》を伝戒師として一乗止観院《いちじようしかんいん》で初めて行なわれました。天長《てんちよう》五（八二八）年には、授戒の恒常的な場である戒壇院も完成しました。

延暦寺戒壇でも、東大寺戒壇での授戒と同じく、授戒には恒例と臨時の二種類がありました。恒例の授戒は、毎年定期的に四月一五日以前に行なわれるようになっていました。

また、天台宗の発展にともない、受戒者数も増加した結果、一〇世紀末には三日間にわたって行なわれるようになっていきました。さらに、一〇世紀末には、四月の春の授戒のみならず、秋の授戒も始まり、中世においては、延引《えんいん》や中断はあっても、四月八日、一一月八日を期日とする春秋二季の恒例の授戒が成立していたのです。

円珍の戒牒

以下は、延暦寺の戒牒です。最澄の弟子円珍が、天長一〇（八三三）年四月一五日付けで、延暦寺戒壇で受戒したことの証明書です。

東大寺戒牒と異なって、釈迦、文殊、弥勒が三師を勤め、十方の一切如来と菩薩が、それぞれ尊証師（証人）と同学等侶（立会人）を勤めています。ようするに、目に見えない「不現前五師」が菩薩戒を授けたことが表現されています。そして、実際には延暦寺総責任者であった義真が戒師となり、俗別当の四人が立ち会ったことがわかります。

近江国《おうみのくに》比叡山《ひえいざん》延暦寺《えんりやくじ》菩薩戒壇所《ぼさつかいだんしょ》
　請《しよう》じ奉《たてまつ》る霊山浄土《れいざんじようど》より
　釈迦《しやか》如来《にょらい》応正等覚《おうしょうとうがく》、菩薩戒和上《ぼさつかいわじょう》となりたまえ
　請じ奉る金色世界《こんじきせかい》より
　文殊師利《もんじゅしり》菩薩摩訶薩《ぼさつまかさつ》、菩薩戒羯磨《こんま》阿闍梨《あじやり》となりたまえ

請じ奉る覩史多天《としたてん》より
弥勒《みろく》菩薩摩訶薩、菩薩戒教授《きょうじゅ》阿闍梨となりたまえ
請じ奉る十方一切世界《じっぽういっさいせかい》より
一切如来応正等覚《いっさいにょらいおうしょうとうがく》、菩薩戒尊証師《そんしょうし》となりたまえ
請じ奉る十方一切世界より
一切菩薩摩訶薩、菩薩戒同学等侶《どうがくとうりょ》となりたまえ

受菩薩戒沙弥円珍《えんちん》、稽首和南《けいしゅわなん》す、衆聖足下《しゅうせいそっか》（中略）、但《ただ》し円珍、（中略）今、天長《てんちょう》十年四月十五日を契《ちぎ》り、比叡峰延暦寺一乗戒壇院《いちじょうかいだんいん》において、菩薩大戒《ぼさつたいかい》を受《う》く、伏《ふ》して願《ねが》はくば衆聖《しゅうせい》、慈悲抜済《じひばっさい》せよ、謹《つつし》んで和南疏《わなんそ》

天長十年（八三三）四月十五日

受菩薩戒沙弥円珍謹疏

受菩薩戒比丘《びく》円珍、今悲済《いまひさい》を蒙《こうむ》り、浄戒《じょうかい》を秉授《とりさず》く、納法心《のうほうはこころ》にあり、福河《ふくが》は流《なが》れ注《そそ》ぐ、伏《ふ》して乞《こ》う、現在《げんざい》の伝戒和上《でんかいわじょう》、幸《さいわい》にして名《な》を垂《た》れ示《しめ》すことを、永《なが》く戒験《かいけん》となさん、（異筆）

「夫《それ》、出離《しゅつり》の道《みち》は、木叉《ぼくしゃ》を本資《ほんし》とす、紹隆《しょうりゅう》の要功《ようこう》は尸羅《しいら》にあり、是《こ》の故《ゆえ》に、菩薩羯磨により、金剛宝戒《こんごうほうかい》を授《さず》く、（中略）、四月十五日、現在伝戒師《げんざいでんかいし》前入唐受法《ぜんにっとうじゅほう》比叡山延暦寺天《てん》

台法華宗付《だいほっけしゅうふ》法沙門《ほうしゃもん》伝燈大法師《でんとうだいほっし》位《い》義《ぎ》真《しん》示す」
別当《べっとう》
従二位《じゅにい》行《ぎょう》大納言《だいなごん》兼皇太子《けんこうたいし》傅《ふ》藤原朝臣《ふじわらのあそん》「三守」　従六位下《じゅろくいげ》行《ぎょう》治部少録《じぶのしょうろく》高向《たかむくの》朝臣「高主」
正三位《しょうさんみ》行《ぎょう》権中納言《ごんのちゅうなごん》藤原《ふじわらの》朝臣
諸陵頭《しょりょうのかみ》従五位上《じゅごいじょう》和《わの》朝臣「家主」
※表ニ「太政官印」ノ押捺アリ

うすれていく戒壇の違い

当初、天台宗の僧侶は延暦寺戒壇で受戒していました。しかし、同じ天台宗でありながらも、園城寺《おんじょうじ》（三井寺《みいでら》）系の寺門派《じもんは》と、延暦寺系の山門派《さんもんは》との争いが激化したため、一二世紀前半には園城寺の沙弥は、東大寺戒壇で受戒するという事態が生じ、中世においても、そうであったのです。

他方、東大寺戒壇においては、南都六宗と真言宗の沙弥が受戒することになっていたのですが、一三世紀前半には、真言宗の東寺《とうじ》・金剛峯寺《こんごうぶじ》の沙弥が、延暦寺戒壇で受戒する事態が生じていました。それは、東大寺と東寺・金剛峯寺との間で起こった本寺・末寺争いを背景としていました。
その結果、東大寺戒壇と延暦寺戒壇との違いは希薄化してゆき、両者ともに一人前の官僧を生み出す国立戒壇として中世において機能していたのです。つまり、どこの戒壇で受戒したのかではなく、いつ受戒したのかという、戒臈の方が重視される結果となっていったといえます。
中世において両戒壇の違いがどのように理解されていたか、次の一四世紀後半の史料である貞治《じょうじ》六（一三六七）年四月付け「鑁阿寺制法《ばんなじせいほう》」（『大日本史料』六―二八、七四三頁　訳文）でみておきましょう。

僧侶がどのように振る舞うかの面では声聞戒（『四分律』の戒）を優先すべきだが、内証（内面の悟り）の面では円頓戒《えんどんかい》（『梵網経』の戒）が最も深遠であり、必ずしも大乗、小乗を区別すべきではない。それゆえ、どちらの受戒であれ、受戒の前後によって戒臈を定めるべきだ。

このように、一四世紀後半においても、両戒壇での受戒は、その相違はほとんど意識されなくなり、先述した序列秩序原理としての戒臈を生み出すものとして認識されていたのです。

戒をめぐる〝現状〟

国家公認の偽造戒牒

しかし、目を東アジア世界にまで向けてみると、東大寺戒壇での受戒と延暦寺戒壇での受戒とでは大きな相違がありました。東大寺戒壇での受戒は中国において公認されていたのに対して、延暦寺戒壇での受戒は公認されなかった点です。

次の文は、明全《みょうぜん》が貞応《じょうおう》二（一二二三）年に道元を連れて入宋した際、持参した東大寺戒壇の戒牒の奥に付された注記（奥付《おくづけ》）の一部の訳文です（「永平寺文書」『大日本史料』五—一、八五三頁）。

（前略）先師、諱《いみな》明全が貞応二年二月廿二日に、建仁寺《けんにんじ》を出て大宋国に赴いた。現年四十歳。もと是人は比叡山首楞厳院《しゅりょうごんいん》の僧であった。（中略）明全公は、もと天台山延暦寺菩薩戒を受けた。しかし、宋朝は比丘戒を用いるので入宋時に臨んで、この具足戒牒を書いて持参したのである。宋朝のやり方は習いがたいものである。まず、僧はみな大僧戒を受ける。ただ菩薩戒だけを受ける僧は、いまだかつて聞かないものである。まず比丘戒を受け、後に菩薩戒を受けるものだ。菩薩戒を受けて戒臘となすことはいまだかつて聞かないことだ。（後略）

明全は延暦寺戒壇で大乗戒を受戒していたのですが、東大寺戒壇で受戒したことを示す東大寺戒牒を偽造して入宋したのです。それは、中国において、延暦寺戒壇の立場が認められておらず、小乗具足戒（大僧戒）受戒によって生じる戒臘は認められるが、菩薩戒の受戒によって生じる戒臘は認められていなかったことによったことがわかります。

延暦寺が優勢であった鎌倉初期においてすら、延暦寺戒壇（とそこでの授戒）は対外的には承認されておらず、延暦寺僧は、いわば偽造の戒牒を持って中国へ渡ったことが窺えます。

戒牒には、「学位記」的な働きがあったので、公認された戒牒がないと留学僧は困ったのでしょう。先に挙げた明全戒牒の奥付によれば、東大寺戒牒偽造自体については何の問題もないようなので、日本国内では勢力があった延暦寺系の僧に、偽造東大寺戒牒を渡すことは、国家公認のことであったようです。

二〇〇五年、ニューヨークでアルバニア女性と知り合う機会がありました。彼女は、アメリカ在住のアルバニア人と結婚し、前年、アルバニアから来たばかりでした。アルバニアでは、小学校の教師をしていたそうですが、アメリカでは、どこも雇ってくれないと歎いていました。彼女は、大卒なのに、アメリカではアルバニアの学位を認めてくれないのだそうです。おそらく、延暦寺戒壇での受戒者たちは、中国で、それに似た思いをしたはずです。

こうした「偽造」戒牒の一つとして、弘安九（一二八六）年一一月八日付けの天岸慧広《てんがんえこう》戒牒も知られています。ようするに、東大寺戒壇こそは一三世紀末においても、対外的に承認された戒壇であり、そこでの受戒によって生じる戒臈は中国の僧侶集団においても通用したのです。

このような対外的契機の存在は、日本授戒制のあり方に影響を与え、後述する破戒の一般化にもかかわらず、東大寺戒壇の授戒を存続させる一因となったといえます。

尼と授戒

ところで、日本最初の出家者が尼であり、国分尼寺《こくぶんにじ》といった尼寺が建てられたように、古代においても無視できない数の官尼が存在していました。しかし、注目されるのは、出家に際して完全剃髪《ていはつ》を行なうのはまれであったことです。

尼の多くは、完全に剃髪はせず、とりあえず肩もしくは背の中ほどまで垂らして切りそろえる尼削《あまそ》ぎとよばれる状態にしていました。この髪型は、見習いの尼の姿であり、尼の不安定な状況を象徴的に示している（勝浦令子、二〇〇三）といいます。そのうえ、東大寺戒壇・延暦寺戒壇といった国家的な戒壇で受戒することができなかった点も注目されます。授戒制度からは排除されたため、仏教の原則からいえば正規の比丘尼ではない尼であったのです。

次の史料によって、比丘尼（この場合は南都系の比丘尼）に対しては、法にかなった尼ではないと認識されていたことがわかります。

沙弥と沙弥尼とは十戒を受ける。式叉摩那は六の戒を習うものだ。比丘は二百五十戒、比丘尼は五百戒を受け持つものだ。しかしながら、この世の尼とは、沙弥尼である。比丘尼ではない。戒壇に登って後に比丘尼というのである。それゆえ、ただ十戒を受けた

沙弥尼として存在するといえる。（後略）

これは、大治《だいじ》三（一一二八）年に記された『菩提心集』の一部の訳文です（『浄土宗全書一五』五二五頁）。戒壇での授戒から排除されていた古代の比丘尼が、たとえ社会的には正式の尼ではあっても、如法（仏教の教えに適った）の比丘尼ではないと認識されていたことを端的に示しています。

こうしたことで、九世紀以後には尼寺が僧寺化し、重要な国家的な祭祀からも官尼は排除され、尼の仏教界での役割はしだいに小さいものになっていきました。

しかし、古代の比丘尼が尼の授戒場としての尼戒壇《あまかいだん》を望まなかったわけではありません。『慈覚大師伝』によれば、承和《じょうわ》九（八四二）年に出家した淳和太后《じゅんなたいごう》が尼戒壇の樹立を求めていたことを伝えています。しかしこの時は、尼戒壇は樹立されませんでした。

ついに尼戒壇が作られたのは、藤原道長《ふじわらのみちなが》の娘彰子《しょうし》（上東門院《じょうとうもんいん》、法名清浄覚《せいじょうかく》）によってです。彰子は三九歳で出家しましたが、尼戒壇での受戒を望み、出家の翌年の万寿《まんじゅ》四（一〇二七）年に、法成寺《ほうじょうじ》（廃寺、現在の京都市上京区にあった）に尼戒壇を完成させました。

この法成寺尼戒壇での授戒が、彰子以外の尼に対しても行なわれたのか、いつまで継続したのかなどははっきりせず、天喜《てんぎ》六（一〇五八）年に焼失しています。『栄華物語《えいがものがたり》』では、この尼戒壇の建造を「世界の尼ども喜びをなしたり」と記しています。その文言は、たとえ物語作者の文飾にすぎなかったとしても、彰子のように如法の受戒を求める女性がいたことは明らかです。しかし、ほかに史料がないために断定できませんが、法成寺尼戒壇は彰子のためのみの一時的なものであったようで、一般の尼が受戒できる国立戒壇は作られなかったようです。

僧兵とは

もっとも、東大寺・延暦寺戒壇などでの授戒制度が機能していたということは、決して官僧たちが戒律を守っていたことを意味しません。官僧の数が増えれば増えるほど、戒律を守らない僧侶、破戒僧が増えていったのです。たとえば、武蔵坊弁慶の例を挙げるまでもなく、延暦寺や興福寺の僧兵の存在があります。一例だけ、僧兵のありようについて挙げておきましょう。

美濃国において国守源義綱が荘園を収公しようとした中に、延暦寺の荘園があり、僧侶らが下向して義綱に抵抗したため、義綱は朝廷に事情を上申しました。

朝廷は延暦寺に実否を問うたのですが、知らないとの返答だったので、義綱に対し、抵抗したものを追捕《ついぶ》するよう命令を出しました。義綱はこれをうけて追捕に向かったところ、僧兵が武器を持って向かって来たので合戦となり、円応という僧を殺し、数名の僧を逮捕した事件が起こったのです。

その後、延暦寺僧は、円応を殺した義綱の流罪を要求する申状を朝廷に提出しました。朝廷では、義綱の行為は朝廷の命令に従って行動したのだから、罪にはならないとし、延暦寺の申状を却下しました。（『中右記』嘉保《かほう》二〈一〇九五〉年十月条　部分訳）

こうした僧侶でありながら武装し、戦いに従事する僧侶たちこそ、不殺生戒を犯す破戒僧の最たるものです。

真弟子の正体

さらに、不淫戒の破戒の例としては、「真弟子《しんでし》」という語の存在が挙げられます。真弟子というのは、真なる弟子という意味ではなく、自分の子で弟子になった僧を指しているのです。それ自体、僧侶たちが不淫戒を犯していたことを示しています。真弟子の文字は、源《みなもとの》顕兼《あきかね》が編んだ仏教説話集『故事談《こじだん》』（一二一二―一五年成立）の成尊《じようそん》の話に見られます。

成尊僧都《そうず》は仁海僧正《にんがいそうじよう》の真弟子ということだ。ある女房が仁海僧正に密通し、忽ち懐妊して男子を生んだ。母親は、この子が成長したら、仁海僧正との関係が自ずから露見してしまうであろうと考えて、水銀を嬰児に飲ませたという。水銀を飲んだら、もし生きたとしても、性交はできないであろう。これによって、成尊は男も女も一生犯すことは無かった人である。

生まれた子供を殺そうとまでしたことから、仁海（九五一―一〇四六）の頃は、女犯《によぼん》を憚《はばか》っていたことが窺えます。ここでもう一つ注目されるのは、「成尊は男も女も一生犯すことは無かった人」という点です。この記述から、とくに「男も」という表現から、僧侶集団内における男色関係も一般的であったことが読み取れるのです。

もっとも、源信《げんしん》は『往生要集《おうじようようしゆう》』で次のような警告を発しています。

「衆合地獄《しゅうごうじごく》」という地獄には、一六の別所があるが、その内の一つは悪見所といいます。他人の子供を取って、性交を強い、叫び啼《な》かせた者がここに墜ちて苦を受けるのです。（中略）また、別所があって、多苦悩といいます。そこは、男が男と性交を行なった者が墜ちて苦を受ける地獄です。

源信（九四二―一〇一七）は、平安時代中期の天台宗延暦寺の学僧で、代表作『往生要集』で知られています。『往生要集』は、数多くの仏教の経典や論書などから、極楽往生に関する重要な文章を集めた仏教書ですが、とくに、極楽往生するには、一心に仏を想い念仏の行《ぎょう》をあげる以外に方法はないと説き、浄土教の基礎を創った書物として有名です。

引用部分は、どういう罪を行なった者が、「衆合地獄」に墜ちるか記述している部分の中で、子供との性交や男色は地獄に墜ちる行為とみていたことがわかります。源信が男色を否定し、警告を発しなければならないほど、男色は問題視されるようになっていたのでしょう。先述した成尊の話などからも判断すれば、僧侶の男色は、一一世紀頃には一般的となっていたと思われます。

そうした状況が背景にあって、中世においては、僧侶の男色が容認される方向になっていきました。そうした僧侶の破戒、とくに男色の実態に注目しながら次章でみてみましょう。

第二章　破戒と男色の中世

守れなかった戒——宗性の場合

男色といえば、一般的には、貴族や武士たちのそれはよく知られています。たとえば、近年、武田信玄《たけだしんげん》が男色《なんしょく》相手（高坂昌信《こうさかまさのぶ》）に宛てた手紙が見つかり、「信玄おまえもか」といった具合に、武将たちの間での男色関係の広がりが認知されるようになってきています。

また、藤原頼長《ふじわらのよりなが》（一一二〇—五六）の日記『台記《たいき》』を分析された五味文彦《ごみふみひこ》氏ほかの研究によれば、『台記』には、頼長の男色関係が赤裸々に記されていて、貴公子だけでも、少なくとも、その数七人であったというのです。すなわち、「初めて（源）成雅朝臣《みなもとのなりまさあそん》に通ず」（『台記』久安六〈一一五〇〉年八月一五日）といった具合です。

藤原頼長といえば、一二世紀の半ばにおいて、鳥羽《とば》法皇のもとで権力をほしいままにし、保元《ほうげん》の乱で後白河《ごしらかわ》天皇に敗れて死去した貴族ですが、貴族たちの間に男色関係の輪ができていたのです。では、僧侶集団はどうであったのでしょうか。

学僧宗性

鑑真《がんじん》によって授戒《じゅかい》制度が樹立され、最澄《さいちょう》により延暦寺国立戒壇《えんりゃくじこくりつかいだん》での授戒制が創始されたことなどを経て、日本にも授戒制度は定着していきました。しかし、だからといって、個々の僧侶、とくに官僧《かんそう》（国家公務員的な官僚僧）たちが戒律を厳重に守っていたわけではなかったのです。その様子を、東大寺の僧で、華厳宗《けごんしゅう》を中心に仏教の研究に努め、今でいうなら東大総長にまでなった宗性《そうしょう》を通してみておきましょう。

宗性については、平岡定海《ひらおかじょうかい》氏による『東大寺宗性上人之研究並史料《とうだいじそうしょうしょうにんのけんきゅうならびにしりょう》』上・中・下（以下、『宗性史料』と略記）という、詳しい伝記及び史料研究があります。しかし平岡氏は、優れた研究者であるばかりか、東大寺の僧侶でもありましたから、立場もあってか、私が注目する「身体論」の面には全く触れていません。もっとも、破戒をしていたからといって、官僧たちが仏教研究を怠っていたわけではありません。

少し長くなりますが、官僧の学僧ぶりを宗性にみていきましょう。

宗性は、建仁《けんにん》二（一二〇二）年に生まれ、弘安《こうあん》元（一二七八）年六月八日に死去しました。父は藤原隆兼《ふじわらのたかかね》です。隆兼は、歌人にして神護寺《じんごじ》の源頼朝《みなもとのよりとも》像などの似絵《にせえ》（肖像画）の名手として知られる隆信《たかのぶ》（一一四二―一二〇五）の子ですから、宗性は隆信の孫に当たります。父の隆兼は、天皇の秘書官たる蔵人《くろうど》を勤め、宮廷内を取り仕切る宮内大輔《くないたいふ》にもなっていますが、五位クラスの、当時としては、中級貴族の一人であったといえます。

すなわち、宗性は藤原氏の出身でしたが、当時、家督を継げない貴族の次男・三男によくあったように、官寺に入って官僧（官僚僧）となる道を選ばされたようです。その頃、官寺は、ひとまず生活が安定していましたし、もう一つの「世俗」世界となっていて、名利《みょうり》（名誉と利益）を満足させるのに十分であったからでしょう。

宗性は、建保《けんぽう》二（一二一四）年、一三歳で出家し、東大寺に入り、とくに華厳教学の中心であった尊勝院《そんしょういん》に居住しました。東大寺は、当時、鎮護国家の祈禱を旨とする官寺の代表的な存在で、そこには、主として官僧が住み、華厳宗などの仏教を研究していました。

官僧たちは、興福寺《こうふくじ》維摩会《ゆいまえ》、宮中御斎会《きゅうちゅうみさいえ》、薬師寺《やくしじ》最勝会《さいしょうえ》といった、天皇が主催する法会に招かれることを目標として、仏教研究に励んでいたのです。そうした、天皇が主催する鎮護国家の法会に招かれることを、当時、公請《くじょう》といい、貴族から個人的な祈禱に招かれることを私請《ししょう》といいました。若い宗性も、公請に招かれ、僧位・僧官（俗人の官位・官職にあたる）が上っていくことを理想として、仏教研究に努力していたのでしょう。

また、宗性は弁暁《べんぎょう》を師として、建保六（一二一八）年からは、華厳宗の論議を学びました。『華厳経』を重視する華厳宗は、中国の法蔵《ほうぞう》（六四三―七一二）によって大成されました。

承久《じょうきゅう》二（一二二〇）年、一九歳の時には、大法師《だいほっし》となり、法勝寺《ほっしょうじ》（廃寺、現在の京都市左京区岡崎にあった）の御八講《みはっこう》にも参加しました。この御八講は、天台宗の論議であり、宗性は、天台宗の研究も行なっていたことがわかります。

その後は、御斎会、維摩会などの公請によばれるようになり、仁治《にんじ》二（一二四一）年正月一四日には、四〇歳にして権律師《ごんのりつし》を拝命しています。寛元《かんげん》元（一二四三）年権少僧都《ごんのしょうそうず》、寛元四年、権大僧都《ごんのだいそうず》、尊勝院院主、建長元（一二四九）年法印権大僧都《ほういんごんのだいそうず》、建長五年には大安寺別当《だいあんじべっとう》、文応《ぶんおう》元（一二六〇）年には東大寺別当、文永《ぶんえい》六（一二六九）年に権僧正《ごんのそうじょう》と昇進を続けていきました。

その間、東大寺末寺《まつじ》の海印寺《かいいんじ》（廃寺、現在の京都府長岡京市にあった）の復興などにも努める一方、法会に参加するのに必要な教学研究を怠らず、多くの書物を書き残しています。

その多くは、「維摩《ゆいま》会表百抄《えひょうびゃくしょう》」のように、東大寺の官僧として、公請をうまくやって、出世していくために必要な知識を得るために書いたものであったのです。そして、宗性は、鎌倉時代の東大寺を代表する学僧として高い評価を受けてきました。私も、学僧としての宗性に大いに敬服しています。

宗性の男色と弥勒信仰

さて、ここでは、宗性の別の側面を論じてみます。従来の宗性研究において触れられてこなかった史料に、「禁断悪事勤修善根誓状抄《きんだんあくじごんしゆぜんこんせいじようしよう》」(『宗性史料』中、五三一―三七頁)という、悪事を禁断し、善根に努《つと》めることを誓った文書を集めたものがあります。これは、宗性が、正嘉《しようか》二(一二五八)年九月九日にまとめた、誓文《せいもん》(起請文《きしようもん》ともいう)の集成です。

基本的には、折々に宗性が記した「○○をしない、○○という善事をなす」という内容の誓文を集めたものですが、その内容は、逆説的に宗性らが何をしていたのか、何に悩んでいたのか、宗性の周辺で何が起こっていたのかを示していて、人間宗性とその周辺のありようを赤裸々に語っている興味深い史料群です。

とくに、宗性周辺の身体論的考察の格好の史料といえます。そこで、しばらく、その史料に注目しつつ、当時の官僧世界の人間関係の実態に光を当ててみましょう。

まず、彼が三六歳であった嘉禎《かてい》三（一二三七）年一一月二日付けで誓った誓文の五箇条の訳文を略さずに挙げてみます。

五箇条起請のこと

一、四一歳以後は、つねに笠置寺《かさぎでら》に籠《こも》るべきこと。

二、現在までで、九五人である。男を犯すこと百人以上は、淫欲《いんよく》を行なうべきでないこと。

三、亀王丸《かめおうまる》以外に、愛童《あいどう》をつくらないこと。

四、自房中に上童《じょうどう》を置くべきでないこと。

五、上童・中童《ちゅうどう》のなかに、念者《ねんじゃ》をつくらないこと。

右、以上の五ヵ条は、一生を限り、禁断すること以上の通りである。これすなわち、身心清浄・内外潔斎《ないがいけっさい》し、弥勒に会う業因《ごういん》を修め、兜率天《とそってん》に往生を遂げるためである。今から後は、この禁断に背くべきでないこと、起請は以上の通りである。

嘉禎三年十一月二日

沙門《しゃもん》宗性（花押）

生年三十六

この誓文は、宗性が、弥勒菩薩《みろくぼさつ》の浄土とされる兜率天への往生を望んで、その業因を作ろうとして、身心を清浄にし、内外潔斎のために五箇条を誓ったものです。

宗性は、八年前の寛喜《かんぎ》二（一二三〇）年に、笠置寺《かさぎでら》の解脱房貞慶《げだつぼうじょうけい》（一一五五―一二一三）の感化によって弥勒信仰に傾倒し、嘉禎元（一二三五）年には「弥勒如来感応抄」を著しています。弥勒仏（弥勒如来）は、釈迦《しゃか》の入滅後五六億七〇〇〇万年後の未来に姿をあらわす未来仏のことで、現在は、兜率天で修行していると考えられています。その兜率天に往生しようとする弥勒信仰を宗性は信奉していました。

仏教では、多くの仏の存在を認めたために、仏国土《ぶっこくど》が数多くあり、往生の地も数多いのですが、日本古代で往生というのは、弥勒菩薩の兜率天に往生することをめざす場合と西方極楽浄土への往生をめざす二つが主でした。

ところが、中世に入ると阿弥陀《あみだ》信仰が大流行し、往生といえば西方極楽浄土へ往生することを意味するようになります。さらに、浄土真宗の親鸞《しんらん》は、「往生＝成仏」を主張するようになりました。のちに浄土真宗が多数派になったために、往生と成仏が区別しがたくなったといえます。

往生と成仏の違い

往生も成仏も同じように思われがちですが、実は本来別ものです。成仏というのは、成仏をめざす人（菩薩ともいいます）が、修行を経て仏となることを意味します。他方、往生というのは、死後、阿弥陀の西方極楽浄土や弥勒菩薩の兜率天などに生まれ行くことを意味します。

極楽浄土などは成仏の修行の理想的なところなので、そこで修行して成仏をめざすわけです。ようするに、往生とは、成仏するための修行をするのに理想的環境である浄土などに行くことなのです。

さて、五箇条の起請文の第一条では、四一歳以後は、笠置寺に籠る、つまり、隠遁することを誓っています。当時、三六歳でしたから、この起請文を記した五年後には隠遁すると誓ったのです。

しかし、結局、宗性は、建長五（一二五三）年には大安寺別当に任命され、文応元（一二六〇）年から弘長《こうちょう》二（一二六二）年まで、東大寺の別当になっており、この誓いは守り通すことができなかったようです。笠置寺については、貞慶のところで触れることにします。

中世の寺院で行なわれていた男色

第二条では、これまでに九五人と男色を行なってきたけれど、百人以上は行なわない、と誓っています。男色相手の人数の多いことに驚かされますが、これは一体どういうことなのでしょうか。

中世の寺院社会、とくに関白太政大臣一条兼良《いちじょうかねよし》の息子興福寺大乗院尋尊《じんそん》（一四三〇―一五〇八）といった、位の高い一部の僧侶の間において、男色が一般化していたことは、岩田準一《いわたじゅんいち》氏、徳江元正《とくえげんせい》氏、細川涼一《ほそかわりょういち》氏らによって明らかにされてきました。その背景には、これまで注目された主な史料が説話集で、僧綱《そうごう》（僧侶を統括する上位僧で、俗人の公卿）クラスの上級僧の話が多かったことがあります。

けれども、宗性は、中級貴族の出身で、僧綱になるのは、仁治二（一二四一）年正月一四日、四〇歳にして権律師になったのが最初であり、東大寺尊勝院院主となったのも、寛元四（一二四六）年一二月のことです。

しかし、宗性が、九五人もの男色関係を持ったと告白したのは、それ以前の嘉禎三（一二三七）年、ランクは伝灯大法師位《でんとうだいほうしい》（『宗性史料』中、三九頁）、三六歳のことでした。

伝灯大法師位というのは、いわば平僧のランクです。宗性は、優れた学僧であったにもかかわらず、承久二（一二二〇）年から仁治二年に権律師になるまで、二二年間も大法師であった点に、中級貴族出身であったがゆえの悲哀が感じられます。

しかし、ここで注目されるのは、中級貴族出身の、中級クラスの僧侶である宗性にしても、三六歳にして九五人もの男色関係を持っていたことです。

もちろん、宗性を異常性欲者、例外としてかたづけることもできます。しかし、男色相手の数については上限を設定しても、男色自体については反省もしていない点や、その数から判断すると、中級の大法師クラスの官僧たちにまでも、男色は一般的であったと考えられます。

おそらく、男色は、僧綱クラスの上級僧のみに許された行為ではなかったと考えるべきでしょう。とすれば、中世の官僧世界における男色関係の広がりの予想外の大きさが推測されることになります。

男色相手の数も、興福寺の尋尊の愛童が愛千代丸《あいちよまる》と愛満丸《あいまんまる》、仁和寺覚性《にんなじかくしょう》の愛童は千手《せんじゅ》と参川《みかわ》など、せいぜい二～三人くらいが相手と思われていましたが、宗性の事例から推測すると、かなり多くの男色の相手を持つ場合もあったようです。

それは、子供の成人年齢が、当時、普通一五歳であり、童子《どうじ》たちも、一五歳になれば、大人となり、男色の受け手から、男色をする側へと成長を遂げていったからなのかもしれません。

僧侶の間に広がった男色

男色相手としての稚児

ところで、中世の寺院社会における、僧の男色《なんしょく》相手といえば、童子《どうじ》とか稚児《ちご》と呼ばれた、垂れ髪の男児が有名です。

『養老令《ようろうりょう》』の「僧尼令《そうにりょう》」（養老二〈七一八〉年制定）に、「およそ僧というものは、近親郷里に信心ある童子を選んで供とすることを聴《ゆる》す」とあります。このように、童子とは、本来、僧に仕える未成年者であったのです。すなわち、童子は、仏に香花《こうげ》を供え、仏教を学び、陪膳《ばいぜん》など僧侶に仕える役割を担う一方で、夜には師僧の男色の相手でもあったことがわかっています。

童子は、「長い髪を結い、化粧し、鉄漿《おはぐろ》をつけ、水干《すいかん》を着ながら小袖をかずいて、さながら女人をよそおう女人ならざるもの。それは男でありながら同時に男ではない。童子の間にしか保たれぬ中性的な」（阿部泰郎、一九九八）存在とされてきました。

この点については、中世では、必ずしも子供ではなくても、成人後も、童《わらべ》の姿をして僧侶たちに奉仕する童子もいたことに注意する必要があります。また、童子説話の分析などから、聖なる存在としての童子の側面についても明らかにされています。

童子たちは、普段は師僧に仕え、陪膳・給仕を行なったり、舞・笛・箏《そう》などによって師僧を楽しませ、夜は添い寝して、男色の相手となり、法会に際しては、着飾って、童舞《どうぶ》を舞い、笛を吹き、箏などを演奏しました。

そうした中でも、とくに土谷恵《つちやめぐみ》氏の童子研究は、醍醐寺《だいごじ》の童子に注目して、実証的に童子のありようを明らかにした研究です。土谷氏の研究によって、童子には、稚児（ハレの場では上童と呼ばれる）と中童子と大童子の三種があり、各々、服装や役割などを異にしていたことが明らかにされています。

以上のように、先学の研究によって、童子のありようが具体的に明らかにされてきました。しかし、近年の童子研究の貴重な成果である土谷氏の研究ですら、「寺院の別当や僧綱など限られた僧の日常においてのみ可能であった稚児との男色」（土谷恵、二〇〇一）というように、男色は、僧綱《そうごう》クラス（三位以上の僧官）といった上級僧のみに許された行為のように理解されてきたのです。

一、十歳未満幼稚の輩、出入りすべからざる事

右の史料は、永仁《えいにん》五（一二九七）年正月付けの大和永久寺《やまとえいきゅうじ》（廃寺）の禁制案の一部です。この史料などから、寺院には、一〇歳未満の子供は入れなかったことがわかります。それゆえ、稚児は、一〇歳以上であったことになり、稚児の年齢は一〇歳から一五歳までが普通であったようです。

もっとも、貞慶は八歳で興福寺に入っていますので、この禁制が出されたこと自体も考え

合わせると、それ以前はもう少し早い年齢から入寺していたのでしょう。

仁和寺覚性の男色の相手の一人と推測されている平経正《たいらのつねまさ》も、一五歳には成人し、その際、覚性から青山《せいざん》という琵琶の名器をもらって、平家の名将に成長していきました。経正は仁和寺で、琵琶で覚性を楽しませる童子として仕えていたのです。

なお、経正は、平清盛《たいらのきよもり》の弟の平経盛《たいらのつねもり》の嫡男で、清盛の甥でした。当時、この平経正のように、寺院に童子として入って、一五歳で成人して世俗社会へ戻っていった者も多かったようで、寺院世界で覚えた男色が貴族・武士社会へ広まっていった可能性もあります。

ところで、当時、東大寺に何人の僧侶がいたのかはっきりしませんが、大法師の宗性の周りに童子が九五人もいたとは考えられません。大法師がどれくらいの童子を持てたかについては、弘長《こうちょう》元（一二六一）年二月の鎌倉幕府の法令（「追加法」）が参考になります。

僧正、従僧三口、中童子二人、大童子三人
僧都、従僧二口、中童子二人、大童子四人
法印準僧都律師、従僧一口、中童子一人、大童子一人

法眼法橋準之凡僧、従僧一口、中童子一人、大童子一人
以上、晴日の僕従は、この制を守るべし（後略）

この史料は、儀式などのハレの日に、お供する人の数を示しています。それによれば、僧綱でない凡僧は、従僧一人、中童子一人、大童子一人を付き従えて行列を組んで進んだことがわかります。宗性のような凡僧が、幕府から公認されていた伴僧は、基本的にこの三人だったのでしょう。何十人もの童子が中級クラスの官僧に仕えていたとは考えられません。もっとも、経済的に豊かな僧侶はもっと抱えていた可能性は大いにあります。

それゆえ、宗性の男色の相手は、自分に仕えていた童子だけとは考えにくいのです。僧侶間で童子の争奪が珍しくなかったことは後述しますが、ほかの僧侶の童子とも関係を持っていたのかもしれません。

また、起請文第五条に、「上童と中童とは男色をしない」とあることは、第二条と考え合わせると、百人までの残る五人は童子以外、ということになります。それゆえ、学僧やほかの僧侶との間でも男色関係があったとも考えられます。ようするに、たんに上級クラスの官僧と童子との男色が一般的であったと済ませるわけにはいかないようなのです。

宗性の愛童、力命丸

第三条は、亀王丸以外は、愛童をつくらないという誓いです。当時、亀王丸が、宗性の最愛の童子であったのでしょう。しかし、次のような史料があり、後に、力命丸《りきみょうまる》という愛童がいたことがわかっています。

ここ数年、一緒に住んでいた力命丸が、去る四日の戌時《いぬ》（午後七時から九時）頃に、興福寺林小路辺りで、なんの罪もないのに殺害されてしまいました。あまりの悲嘆に言葉を失っています。五日の卯《う》の刻（午前五時から七時）に東大寺般若山で火葬にしました。六日の朝には骨を拾いました。奈良ではあれこれあって忙しく、触穢《しょくえ》（穢れに触れること）が恐ろしいので、九日の暁に、笠置寺にやって来て、この聖跡で追善の仏事を行ないました。そして、五〇日の間、丁寧に三時の勤めを行ない、七日ごとに弥勒堂で追善の仏事を行なうことにしましたが、その間、恋慕の思いが片時も止む時はありませんでした。（後略）

右の史料は、宗性が書き記した、建治《けんじ》元（一二七五）年八月二二日付けの「地持論指示抄《ちじろんしじしょう》」の奥書の訳文です（『宗性史料』下、一五四頁）。

そもそも去る八月四日、亥《い》時（午後九時から一一時）、年来の同宿児童力命丸が、なんの罪もないのに、興福寺林小路辺りで殺害されてしまいました。悲嘆の涙が袂を潤し、恋慕の思いを肝に銘ずる余りに、去る八月九日、本寺（東大寺）を出でて当山（笠置寺）に入りました。その百箇日の追善を修めました。夕方になって少し隙ができたので、その功が終わらないのを悲しんで、涙ながらに記録するところです。（後略）

右の史料は、宗性が、建治元（一二七五）年一一月一六日付けで、『華厳宗祖師伝《けごんしゅうそしでん》巻上』の奥書に書き付けたものの訳文です（『宗性史料』下、一五五頁）。

宗性は、力命丸の百箇日の追善のために『華厳宗祖師伝』を書写しようとしましたが、残念ながら一〇〇日目に終わらなかったことを涙ながらに記録しているのです。

以上の史料からわかるように、宗性は、建治元年八月九日、奈良東大寺を離れて笠置寺般若院に籠居《ろうきょ》しました。そして、力命丸の追善のために「地持論指示抄」『華厳宗祖師伝』「華《け》厳探玄記《ごんたんげんき》香薫抄《こうくんしょう》」「華厳宗香薫抄《けごんしゅうこうくんしょう》」などを続々と抄し、また、力命丸の追善の仏事を行なったのです。

「年来の同宿児童」という表現からも、また、史料から窺われる恋慕の思いの強烈さからも、建治元年、宗性が七四歳頃には、力命丸という愛童が存在していたことは明らかでしょう。

「生き仏」増誉僧正と愛童呪師の小院

愛童といえば、『宇治拾遺物語』巻五には、一乗寺《いちじょうじ》僧正増誉《ぞうよ》（一〇三二―一一一六）が呪師《じゅし》小院《こいん》という童を寵愛する物語が描かれています。増誉は、大納言藤原経輔《つねすけ》の息子で、天王寺別当、園城寺長吏《ちょうり》を歴任し、長治《ちょうじ》二年（一一〇五）には天台座主に任じられましたが、園城寺系を嫌う延暦寺の反対により、翌日辞任に追い込まれました。その後は、尊勝寺《そんしょうじ》（廃寺、現在の京都市左京区）など一三ヶ寺の別当を兼任しました。『宇治拾遺物語』によりますと、増誉は園城寺派のりっぱな僧であり、尊い生き仏ですが、鳥羽《とば》の田楽舞の際に、はからずも小院を見染めて、まもなく側近く召し抱えることにしたといいます。以下に私訳で、字句を補いながら部分引用します。

一乗寺僧正は、大峯を二度通られた（大峯の霊地修行を二度行なわれた）。蛇を出現させる呪法を行なわれた。また、龍のような馬などを出現なされるなど、極度の苦行を行った人である。その宿坊は、一、二町にわたって寄り集まる人でごったがえし、田楽、猿楽などの芸人がひしめき、随身《ずいじん》や衛府《えふ》の男たちなどが出入りしてひしめきあった。物売りの商人なども来て、鞍や太刀など種々の物を売るが、彼らが言うままの代価を支払われるので、人が数多く集まった。この僧正のもとに世間の宝という宝が集まったのであった。

そのうえ、呪師の小院という童を寵愛されていた。この童は、鳥羽の田植え祭りの際に、「みつき」を舞った。先々は首に乗って「みつき」を演じたが、この田植え祭りの時には僧正はこの童と打ち合わせして、この頃やっている演じ方で、童が男の肩に立ちながら、幅幕から出て来たので、大方の見ていた人はみなただただ驚き合った。僧正はこの童をあまりにも溺愛し、「時々しか会えないのではよくない。法師になって夜昼離れず傍に居てくれ」とおっしゃられた。童は、「どうしたものでしょうか。今しばらくこのままでいたいです」と答えると、僧正はなお愛おしくなって、「とにかく法師になりなさい」と言ったので、童はいやいやながら法師になったのであった。

こうして月日が経過した。春雨がしとしとと降り、やることがなくて退屈な時に、僧正が人を呼んで、「あの僧の嘗《かつ》ての装束はあるか」と問われたので、「納戸にまだございます」と申し上げた。「取って来い」と言われた。僧正は、持ってきた装束を、「これを着よ」と呪師小院に言われたので、呪師小院は、「今更、見苦しいでしょう」と拒んだが、「とにかく着るのだ」としつこく申されたので、片隅へ行って、装束を着て、伶人《れいじん》(演者)のかぶる鳥兜をかぶって出て来た。まったく昔と変わっていない。僧正はこれをちらっと見るや、口をへの字に結んで泣きべそをかかれた。小院もまた顔つきが変って立っていると、僧正は、「まだ〈走り手〉の曲は覚えているか」と聞かれたので、「覚えていません。ただし、〈かたささはの調〉の曲はよく練習したので少しは覚えております」と言って、小さい物の中を通るほどの狭いところを走って一気に跳んだ。兜を持って、一拍子で跳び渡ったので、僧正は声をあげてお泣きになった。それから、「こちらへ来い」と小院を呼び寄せ、頭をなでながら、「どうして出家などさせたのだろう」と言って、泣かれたので、小院も、「だからこそ、今しばらくと申しましたのに」と言うと、僧正は小院の装束を脱がせ、障子の内へ一緒に入って行かれた。その後でどういうことがあったのかはわからない。

ようするに、増誉僧正が、呪師の小院を寵愛の余りに無理矢理に出家させたにもかかわらず、また以前の舞姿が懐かしくなって、装束を着せて田楽舞をさせ、感涙を流すという話です。増誉と呪師小院との男色関係の愛おしさが伝わる話ですが、それにしても、増誉が尊い生き仏とされているだけに、男色が僧侶集団内において全く恥ずべき隠微な行為ではなく、文化として公認されていたことが端的にわかる物語といえます。

仁和寺の覚性の愛童・千手

また、仁和寺覚性《にんなじかくしょう》（一一二九―六九）の参川《みかわ》と千手《せんじゅ》の話も挙げておきましょう。

覚性は、平安時代後期の皇族出身の僧侶で、俗名は本仁《もとひと》親王といいます。父は鳥羽《とば》天皇、母は藤原公実《ふじわらのきみざね》の娘待賢門院藤原璋子《たいけんもんいんふじわらのしょうし》です。仁和寺の第五代門跡となり、紫金台寺御室《しこんだいじみむろ》・泉殿御室《いずみどのみむろ》とも称されました。修法《しゅほう》の聞こえが高く、勅を受けて孔雀経法《くじゃくきょうほう》や尊勝法《そんしょうほう》を二四回も修しました。祈禱の名手だったのです。歌人としても優れ、家集に『出観集《しゅっかんしゅう》』があり、『千載《せんざい》和歌集《わかしゅう》』にも入首しています。そういうエリート僧ですが、男色史にも名を連ね、覚性の二人の愛童参川と千手の話は『古今著聞集《ここんちょもんじゅう》』巻八「好色」三二三話に採録されています。その話の意訳を左に挙げます。

仁和寺覚性には、千手という愛童がいました。美男で性格も優美でありました。笛を吹き、今様などを歌ったので、寵愛の程は大きかったといいます。そこに、参川という童子が初めて参じてきました。箏をひき、すばらしい歌を詠むことができました。そこで覚性は、千手よりも参川の方を寵愛したので、千手は面目を失い、退出して以後、部屋にこもり、呼び出しにも応じなくなったのです。

ところが、ある日、酒宴に際して、再三の呼び出しがあり、千手はしかたなく応じました。覚性の前で、鮮やかな装束を着て、憂いに沈んだ歌声で、「捨てられたるをば、いかがせん」（捨てられてしまいましたが、どうしたら良いのでしょう）などと今様を歌ったので、覚性は、あわれに思って千手を連れて寝所に入りました。翌朝、こんどは参川の方が、覚性の心移りに耐えかねて、行方をくらましました。参川は高野山に登って出家したといいます。

ようするに仁和寺覚性が、当初は千手を溺愛していたのに、新たに参川に気が移り、ところが、再度千手とよりを戻し、同衾《どうきん》したために、こんどは参川が逃げ出したという話です。この話は、愛童をめぐる、覚性の心変わりがテーマですが、そうしたことは、官僧の間にしばしば起こった問題であったかもしれません。

童子以外の念者も

宗性の起請文に戻りましょう。第四条によれば、自房内に上童を置かないことを誓っています。今までは自房（自分の部屋）に上童を置いて同衾していたけれども、今後は禁欲する、という誓いなのでしょうか。もしくは、第三条の強調で、亀王丸以外の上童とは同衾しないという意味でしょうか。

第五条を見ると、上童と中童に念者《ねんじゃ》をもたないことを誓っています。念者とは、男色の相手のことですから、当時の宗性の男色の相手は、上童のみならず、中童子も含めた、童子たちであったことが窺われます。この誓いは、第三条と考え合わせると、亀王丸以外の上童とは男色をしないと決意した、と捉えることもできますが、先述の通り、童子以外の僧侶との男色は禁じていない可能性が、第二条から窺えるのです。

先に紹介した土谷氏の醍醐寺に注目した研究をもう少しみてみましょう。童子たちにも序列があり、高い方から上童子・中童子・大童子の順でした。上童は童子の筆頭で、寵愛を集めたのですが、役割としては中童子とほぼ変わらず、陪膳・給仕をし、外出に際しての付き従い、今様などを踊り、笛を吹き箏などを奏し、男色の相手までもしていました。しかし、服装などにおいて、中童子とは一見して差異がありました。

また、上童子は、清華家《せいがけ》から六位クラス出身の児童が選ばれ、中童子は、明確ではないのですが、上童子より下層クラス出身と考えられています。大童子は、里在家《さとざいけ》（百姓クラス）の出身で、官僧になる道は閉ざされ、年老いても童子姿であったのです。

絵画史料に見る稚児

ここで、絵画史料を使って、上童と中童子などの相違をみてみましょう。その際、「はじめに」でも紹介した『春日権現験記絵《かすがごんげんけんきえ》』は大いに参考になります。

『春日権現験記絵』は、藤原一族の西園寺《さいおんじ》公衡《きんひら》が、一族の協力を得て制作させたもので、

図2　食事時の稚児と中童子（『続日本絵巻大成15 春日権現験記絵 下』中央公論社）

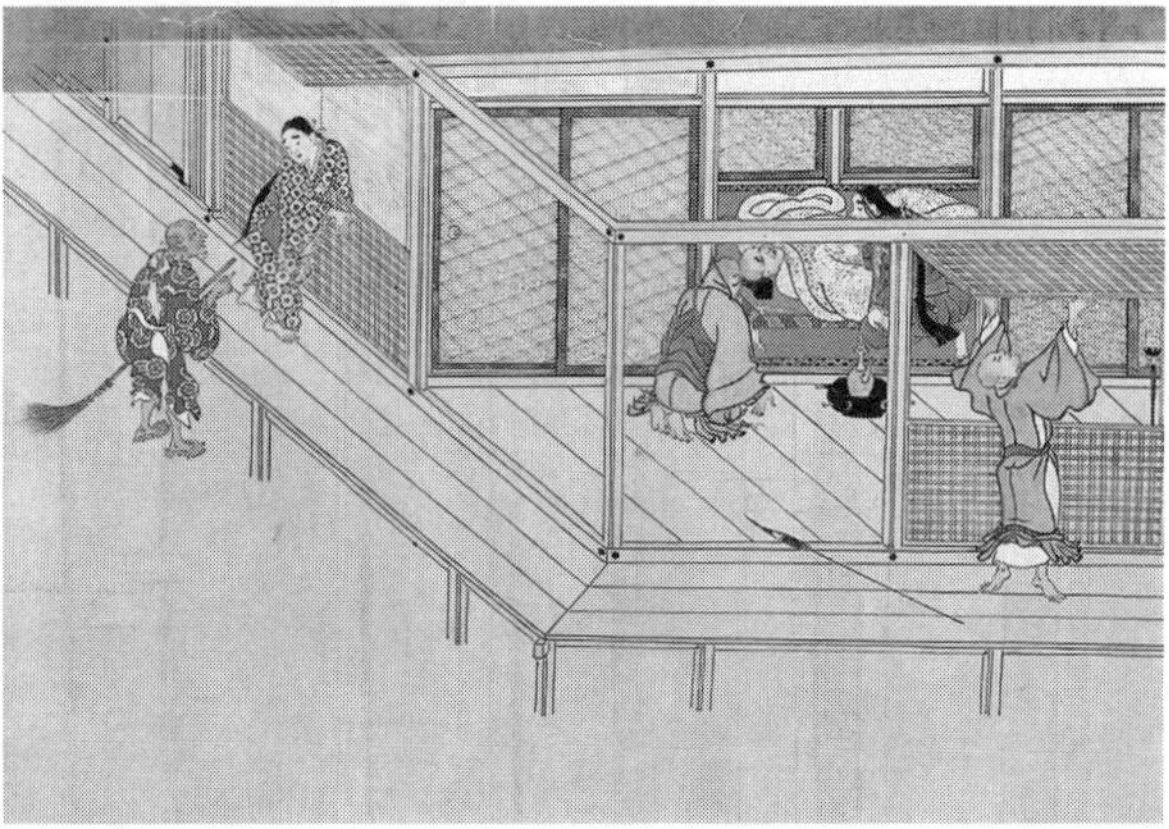

図3　稚児と描きわけられた中童子、大童子（『続日本絵巻大成14 春日権現験記絵 上』中央公論社）

延慶《えんきょう》二（一三〇九）年三月に奈良春日社に施入《せにゅう》した二〇巻もの大作です。
その作成の動機は、「自分は藤原氏の末葉として平素から春日大明神の加護を祈っているものであるが、更にこの後も多くの人が信仰してその加護に預かるようにと、この絵巻作成のことを思い立ったのだ」（野間清六、一九七八）といいます。この絵巻は、春日明神を守護神とする興福寺僧の実態を知るうえでも大いに参考になるのです。

図2は、『春日権現験記絵』巻一五、第五段です。この場面は、実尊《じっそん》という僧が興福寺別当であった嘉禄《かろく》二（一二二六）年から安貞《あんてい》二（一二二八）年までの話です。
この詞書きには、学僧であった法泉坊とその弟子や稚児たちが、経理を担当していた紀伊寺主の隠し持っていた米を、春日神のご加護で得ることができたという話があります。絵を見てみましょう。

図2の食膳を前にする垂れ髪の女性のように見えるのが、稚児（ここでは上童）であり、他方、縁側で陪膳を務める垂れ髪が、中童子と考えられています。稚児は小袖袴で丈の長い垂れ髪であるのに、中童子は、直垂《ひたたれ》で元結《もとゆい》の位置も異なった姿で描かれています（土谷、二

〇〇一）。

次の図3は、『春日権現験記絵』巻一一、第一段です。

この段の詞書きには、法相宗の学僧であった慧暁《えぎょう》が、一旦は死去して閻魔王宮に行ったのですが、法華経読誦《どくじゅ》の功によって生き返ったと書かれています。

この図は慧暁が床に伏している場面です。慧暁の傍らで看病（心配）している小袖の垂れ髪が稚児で、向かって左側の縁側で蔀戸《しとみど》を上下している垂れ髪の童子は、黄色地に黒模様の直垂を着ており、中童子と考えられています。

また、この中童子と話をしている、箒を手にして立つ直垂の垂れ髪の老人が大童子と考えられています。このように、稚児（上童子）と中童子と大童子は、絵画においても描き分けられています。

ところで、官僧たちの世界において男色が一般化し、その主な相手が童子と呼ばれる稚児であったという事実を踏まえて、「はじめに」で見た『春日権現験記絵』の図1を見直してみましょう。従来、紀伊寺主は女性と同衾していると考えられてきました。しかし、その相手こそ、男でありながら女の姿をし、夜には男色の相手をした童子であったと考えられます。また、この絵巻が、興福寺僧自ら関与して作成され、このような童子との同衾の場面をも臆することなく描いて春日社に施入したことからも、官僧集団内で男色がごくあたりまえに行なわれていたことは明らかでしょう。

官僧の文化としての男色

従来、ともすれば僧侶集団の身体的な問題、とくに下半身の問題は、女犯も含めて、隠微《いんび》な恥ずべきこととして、正面きって論じられてこなかった観があります。しかし、僧侶の男色は、僧侶集団の人間関係を考えるうえで、正面に据えて考えるべき問題だといえます。

先に触れたように、五味文彦氏は、藤原頼長《ふじわらのよりなが》の『台記』（一二世紀の日記）の分析などから、院政期政治史を理解する鍵として、貴族集団の男色関係に注目する重要性を指摘しました。そのことは、僧侶集団においてもいえると考えられます。

宗性は、東大寺の別当にまで登りつめた、いわば官僧の頂点に立った僧侶ですが、九五人もの男色経験を持ったのは、三六歳、大法師の頃で、決して高位の時の話とはいえませんし、出身も中級貴族でした。しかも、その数から、上童・中童子といった童子のみが相手というより、ほかの学僧、少なくとも直弟子はその相手に入っていたと推測されます。興福寺尋尊に愛千代丸と愛満丸の二人の愛童がいたことに触れましたが、宗性の例から察すると、童子のみならず、尋尊の直弟子たちも男色の相手であったかもしれません。男色体験を持った宗性が、院主となった尊勝院、別当となった大安寺と東大寺において、男色は、もはや禁止のしようがなかったと推測されます。

起請文の第二条をあらためてみてみると、宗性は、男色相手の数については百という上限を誓っても男色自体を禁断していない点が大いに注目されます。今まで九五人と男色関係を持ったが、今後は一切男色をしないという誓いでないところに、自己の弱さを知り抜いた人間宗性の心情がよく表現されているともいえますが、当時、男色はなんら恥じることではなかったことが窺えます。

宗性のほかの起請文もみていきますが、飲酒などは完全に禁止しようと努めているのに、男色はそうではないのです。女犯を抑えがたく「無戒」を宣言した親鸞とは異なり、本来僧侶集団においてもっとも重い罪である不淫戒を犯しているにもかかわらず、東大寺の官僧にとどまっていた宗性の例は、男色が当時の官僧「文化」であったことを示しているとはいえないでしょうか。

ようするに、男色は、かつて既婚女性が歯を黒く鉄漿で染めたように、官僧集団の「文化」であったと考えられます。とすれば、官僧集団内の人間関係を理解するために、その男色関係を正面に据えて、光を当てる必要があるようです。

稚児は断絶すべからず

宗性に注目して、これまで論じた男色の世界は、東大寺、興福寺、仁和寺といった、天台系以外の官僧についてでした。そして、天台宗の延暦寺系の官僧たちも、同様であったことは、細川涼一氏らが明らかにされてきたところです。史料に即して少しみておきましょう。

山陰地方、現在の島根県出雲市に所在する天台宗の名刹鰐淵寺《がくえんじ》（延暦寺末寺）では、正平《しょうへい》一〇（一三五五）年三月に、南北朝動乱の和合のために、僧侶の間で禁制を決めています。つまり、諸寺も南朝方と北朝方に分かれ、それまで以上に童子の争奪戦が起こったようなのです。ゆえに、和合のためには、童子を寺内に抱え置くべきではないとの意見もあったのでしょうが、結局、次のように決議されました。

一、児童は断絶してはいけない事

児童は、すなわち法燈を継ぐ種であって、冷然を慰むる媒《なかだち》である（すなわち、冬の寒さや老後の寂しさを慰めてくれる相手である）。さらに、男と女の情愛の関係ではない。無理して、同穴《どうけつ》の昵《むつ》びを執らざれば（つまり、男色をしなければ）、厭離《えんり》することあたわず（欲望が溜まって悟りを得ることもできない）。役に立つべきものである。それゆえ、諸院諸房、各おの不断の定役《じょうやく》に属して、随分の秘計（工夫）をすべきである。（『中世法制史料集六』註釈筆者）

ようするに、児童を寺内に抱え置くべきだ、と結論が出されたのです。

宗性の事例を参考にしてみれば、「冷然を慰むる」とか、「同穴の昵び」という表現からも、僧が児童と同衾して暖めあい、男色関係にあったことは、もはや疑いないことでしょう。

つまり、一四世紀半ばの天台宗寺院でも、児童は、男色の対象として位置づけられ、その存在は、諸院・諸房において認められていたのです。

稚児の争奪合戦

ところで、童子の争奪合戦は珍しいことではなかったようです。次章でも海住山寺《かいじゅうせんじ》の例を挙げますが、ここでは『沙石集』巻五下の例を挙げておきます。

ある蔵人《くろうど》であった人が、子供を延暦寺に登らせた。禅衆《ぜんしゅ》・行人《ぎょうにん》（下級の僧）の房に入れた。その子は姿・形がよい男児であった。そのため、里へ下りたついでに、三井寺《みいでら》の僧が騙して、三井寺（園城寺）に連れていってしまった。延暦寺の僧はこの事を聞いて、我が山は他寺の稚児を奪うべきなのに、延暦寺の稚児が三井寺の僧に奪われたのは口惜しいことだといって、僧衆が憤り罵った。まず、この稚児の師である行人に事情を尋ねたところ、「稚児どもが里に久しくいることは常のならい（普通の事）と考えるばかりです。三井寺にいることは、まったく知りませんでした。まず、手紙を書いてみましょう」といって、紙と硯を取り寄せて、このように書いて送った。

山の端に待をしらで月影のまことや三井の水にすむとは

（月影〈あなた〉は延暦寺の端〈里〉で待っていると思っていましたが、三井寺の水に写って

いるように、実際は三井寺にいるのですね）

この歌を見た三井寺の僧は、優れた和歌の返事をして、特別なことはせずに、延暦寺に稚児を送り返した。

この話から、三井寺の僧が里に帰っていた延暦寺僧の稚児を騙して奪ったために、へたをすると対立する両寺の僧衆間の争いに発展しそうであったが、和歌のやり取りで、三井寺僧が稚児を返したので何事もなかったことがわかります。延暦寺（山門）と三井寺（寺門）の対立は有名ですが、こうした稚児争奪も、両者の対立のきっかけの一つであったようです。

また、親鸞の曾孫の覚如《かくによ》（一二七〇—一三五一）の話も伝わっています。

覚如は、幼少の頃から学才の誉れが高く、容姿端麗であったようです。一三歳で延暦寺の学僧宗澄《そうちよう》の許に入室しましたが、一四歳の時に、三井寺の浄珍《じようちん》が、僧兵を遣わして武力で宗澄から覚如を奪ったといいます。

その理由は、「容儀事がらも優美なる体」（容姿端麗）であったからといいます。しかしまもなく、興福寺の一乗院の信昭《しんしょう》が、浄珍の許から覚如を奪おうとしたようです。しかし叶わなかったため、父親の覚恵《かくえ》に頼んで、ついに覚如を興福寺に移住させたというのです（『最須敬重絵詞』）。

これも天台系ほかの僧侶の男色を示している例といえるでしょう。

ひえあがる我独《ひとり》ねのとことはにいちゝごならぬ人ぞ恋しき

この歌は、『七十一番職人歌合』（成立は戦国時代初期と考えられ、一説には明応《めいおう》九〈一五〇〇〉年の成立とも）の六八番左にある、山法師の歌です。山法師というのは、比叡山延暦寺の僧侶のことです。この歌は、「寒々とした、独り寝の床では、いつも、一児（十禅師神《じゅうぜんしじん》）ならぬ、あの稚児が恋しい」くらいの意味です。

一児というのは、十禅師神の化身のことです。延暦寺では、稚児を十禅師神の化身とし、聖なる存在と位置づけ、寺内にいることを公認していました。というのも、中世の比叡山では、最澄が比叡山に登った時に、まず初めに十禅師神（延暦寺の守護神）の化身である霊童に会い、その次に日吉《ひえ》山王《さんのう》、すなわち大宮権現に出会ったという伝承が伝わっており、十禅師神と日吉山王とを「一児二山王」と位置付けていたからです。

先の歌に戻りますと、その歌は稚児と同衾できずに、独り寝の寂しさを表現したものと考えられ、これまた、延暦寺僧による童子との男色を表わすものといえます。

もはや、男色が中世の官僧たちの「文化」であったことは疑いのないことでしょう。

観音の化身としての稚児

九歳から一四、五歳くらいの童子を師僧らが犯していたという現実は、現在の価値観からすれば、児童虐待といえ、きわめて衝撃的でおぞましいものです。しかし、当時の僧を非難するよりも、それが当時の官僧らの文化であった点に注意を喚起したいのです。そうした文化の背後にあるものに注意すべきなのです。

というのも、官僧世界は、松岡心平（『宴の身体』岩波書店）らが指摘するように、稚児を観音の化身とみ、稚児を犯すことは、その聖性に結縁《けちえん》することになるという観念まで生み出していたからです。こうした中世官僧世界の「想像力」が、稚児を担い手とする能・立花《たてばな》・茶といった日本文化を創造し、育んでいった面も忘れてはならないのです。

ところで、天台宗では稚児を観音としての聖性を付与する儀礼としての稚児灌頂《ちごかんじょう》が行なわれ、その後に初めて稚児を犯すことが成されたとされます（辻晶子『児灌頂の研究』）。辻は広範な「児灌頂《ちご》」の史料収集を踏まえて、稚児灌頂儀礼の実態を明らかにしましたが、一四―一五世紀には稚児灌頂は過去の儀礼となっていたと考えています。しかし、先述した一四世紀半ばの天台宗寺院鰐淵寺の事例を考えるならば、その時期においても、稚児との男色関係は継続されていたことは確実です。とすれば、児灌頂儀礼は廃れるどころか行なわれていたと考えられます。ようするに、「児灌頂」儀礼の史料は、「知」のためというより、現実的な必要性が存在したから、筆写されたと考えられます。

忍性とエンケン首座

これまで、鎌倉時代の僧侶の男色について、中でもとくに宗性について取り上げてきました。しかし、こうした男色による破戒はこの時代に限ったものではありませんでした。次に引いたのは、京都大徳寺《だいとくじ》の禅僧、玉舟宗璠《ぎょくしゅうそうばん》が一六四〇年代に鎌倉を訪ね、書き残した『玉《ぎょく》舟和尚鎌倉記《しゅうわじようかまくらき》』の一部（訳文）です。

鎌倉極楽寺《ごくらくじ》の仏殿の後ろに、左右に木像が二体ありました。右は大和西大寺上人の像、左は当寺開山良観《りようかん》上人です。良観は、癩瘡《らいそう》の相がありました。建長大覚の師弟ケン首《しゆ》座《そ》は、大覚が童女を召つかわるる事を時宗《ときむね》に讒言《ざんげん》しました。（中略）エンケン首座はこのような悪事をなしたが故に、終《つい》に癩人となりました。極楽寺の辺に昔から癩人の居るところがありました。エンケンも寺に住することができなかったので、此処に来たのです。このエンケンは、若い時甚だ美僧でした。良観上人は愛憐《あいれん》の情が深かったのです。それゆえに癩人となった以後もいよいよ憐をあたえて其病を忌まず、或は共に寝食し、或は其瘡を舐《ねぶ》り、或は手でこれをさすりました。故に良観も又其病を受けて終に癩人となったのです。（後略）

玉舟は『鎌倉記』の中で、訪ねた名所の印象のみならず、名所に関わる逸話なども書き記しています。この部分には、忍性《にんしよう》の逸話を載せています。

引用部分によれば、玉舟が極楽寺を訪ねた際、仏殿の後ろに祀られた二体の木像を拝したところ、右側には奈良西大寺叡尊《えいぞん》（一二〇一―九〇）の像があり、左側には極楽寺開山良観房忍性（一二一七―一三〇三）の像がありました。叡尊・忍性については、後で触れますが、極楽寺を復興させた当時、彼らは、今まで述べてきた官僧ではありません。

「忍性菩薩像」鎌倉・極楽寺蔵

忍性像を見た玉舟は、忍性の顔に癩病《らいびょう》（ハンセン病）の瘡があると見てとったのです。

建長寺の大覚禅師（蘭渓道隆）の弟子にエンケン首座という人がいましたが、大覚禅師が童女を召し抱えていることを北条時宗《ほうじょうときむね》に讒言するなど悪事を行なったので、仏罰を受けて、ついにハンセン病に罹ったといいます。

極楽寺の近くに、ハンセン病患者の住むところがあり、エンケン首座は寺を追われてそこにやって来ました。彼は、若い時には大変な美男であり、忍性はエンケン首座への愛憐の情が深かったがゆえに、彼がハンセン病に罹ってもますます同情し、その病気を避けることなく、寝食を共にし、その瘡を舐め、手でこすってやりました。そのために忍性もハンセン病に罹った、というのです。

忍性のエンケン首座への思いを、仏教で重視する「慈悲」という表現ではなく、仏教では否定さるべき「愛憐」という表現を使っていることや、「共に寝食し」などから、ハンセン病に罹ったエンケン首座という美男の僧と忍性が男色関係にあったために、忍性もハンセン病になった、と玉舟は考えたのでしょう。

忍性がハンセン病に罹っていた可能性はあります。しかし、それは、多くのハンセン病患者の垢をこすってあげたり、歩けないハンセン病患者を背負ったりしたことによる、直接的な接触によっての感染であって、男色によって感染したとは考えられません。なぜなら、後述するように、忍性は戒律「復興」の指導者のひとりだったからです。なお、「復興」とカッコをつけたのは、たんなる復興ではなく、新しい運動であったと考えるからです。

しかし、忍性の救済活動は、後世の禅僧にとっても信じがたい行為であったために、男色相手ゆえに可能であったに違いない、と矮小化されて伝わっていたのでしょう。

この逸話から、江戸時代には、官僧にかかわらず僧侶の間に男色が一般的であったことが窺えます。

ところで、法然、親鸞、日蓮、道元、叡尊、忍性ら鎌倉新仏教の担い手たちも、一旦官僧世界に入り、それから遁世《とんせい》しています。いわゆる二重出家者です。

たとえば、家が貧しかった叡尊は、一一歳から一五歳まで、童子として醍醐寺で暮らしています。彼らの遁世の直接的な理由はまちまちであったとしても、男犯や女犯をはじめとする破戒がごくあたりまえに行なわれていた現実、とくに、童子時代の官寺における実体験を踏まえた批判が、彼らの新しい行動に繋《つな》がった一因と考えられるのです。

食事についての破戒

官僧の破戒の実態は、男犯や女犯にとどまりませんでした。これまで利用してきた「禁断悪事勤修善根誓状抄」のほかの起請文を見てみましょう（訳文）。宗性の誓いの内容から、逆説的に宗性の日常生活、身体論が見えてきます。男色の禁ばかりでなく、飲酒の禁戒ほかも破っていたことがわかるのです。

宗性は、年未詳ながら、次のような五箇条の誓文をしたためました。これは、後略部分によれば、現在の大阪府南河内郡太子町にある叡福寺の聖徳太子《しようとくたいし》の墓所に参詣した時に、太子の聖霊に誓ったものです。

敬白す　五箇条起請のこと

一、金銀米銭など重物を盗むべきでないこと、

二、魚類を食べてはいけないこと、

この条は、事情によって遁れがたい時や、並びに身命を助けるための時は除く、所詮、遊技美食などのためには、永く食べてはいけない、

三、一日一巻を配し、一日に一巻は観音経を転読すべきこと、

（中略）

四、毎月一日は、非時食を止むべきこと、

この条、必ずしも何日を指さず、都合に随《したが》うべきである、但し、十八日は非時食の日とすべきである。若し一月の中、空しく過ぎるならば、後の月に必ず勤めるべきである、

五、たとえ、名利のために聖教を学ぶといえども、必ず無上菩提に廻向《えこう》すべきであること、（後略）

まず、第三条を見ましょう。「一日に一巻は観音経《かんのんぎょう》（観世音経）を読む」と誓っています。観音経は、大慈大悲の観音菩薩が、あらゆる衆生を救済すると説いた経です。日本にも、観音菩薩信仰は飛鳥時代にすでに伝わり、後に、聖徳太子は救世《ぐぜ》観音菩薩《かんのんぼさつ》の化身とされ、観音信仰が聖徳太子と結びついて、広く信仰されていました。宗性も、観音信仰を持っていたので、太子の墓所で誓いを立てたのでしょう。

この誓文はすべて、観音信仰に基づいていますが、順に見ておきましょう。

第一条は、盗みをしないということです。先述の興福寺中室《なかむろ》の法泉坊《ほうせんぼう》の話でも触れたように、当時は、飢饉が起これば興福寺僧も食べるものにこと欠く事態が生じていました。とくに、稚児や弟子を多く持っていた学僧はなおさらのことです。それゆえ、僧侶による食料などの盗みも生じていたので誓ったのでしょう。

第二条は、魚類を食べないということです。ただし、病気などで生死に関わる場合など、やむを得ない事情があれば、食べてよいとしています。魚類は貴重な栄養源ですから、重篤な病気の栄養補給に役立ったのでしょう。

ともかく、遊技・美食のために魚を食べるのは禁止したのです。中国の僧たちも、魚は水中の野菜として食べていたようですから、宗性らが魚を食べるのは普通であったのでしょうが、慈悲の観音菩薩を前にして、宗性は、今後は、条件付きで食べないことを誓ったようです。

第四条では、非時食、つまり正午以後に食事をすることを止めると誓っています。先述のように、沙弥が護持する一〇戒護持の一つに不食非時食戒もあり、比丘は当然守るべきことでした。ところが、本史料によって、宗性は、観音の縁日の一日だけでも、非時食戒を守ろうとしていることがわかります。逆説的に、通常は非時食戒は守られず、正午以後にも食事をするのが一般的であったことが窺えます。

第五条によれば、たとえ名誉や利益のために、仏教を学ぶとしても、究極的には無上の悟りのために、その功徳を回向すると誓っています。

官僧たちは、天皇の命令によって開かれる勅会に招待され、僧正・法印を頂点とする僧位・僧官の昇進を「名利」としていました。そのために、仏教を研究していたのです。宗性も同様であったことは、すでに述べました。

しかし、この誓文では、宗性は、観音菩薩に、衆生を救う菩薩の悟りを得るために、その功徳を回向すると誓っているのです。そうした誓いは、逆説的に、官僧たちの世界がもう一つの世俗と化しており、本来の悟りをめざす世界ではなかったことがわかります。

賭博と酒を断つ

次の誓文も見てみましょう。文暦《ぶんりやく》二（一二三五）年六月一〇日に、「一、ことさらに法相中宗を学ぶべきこと、」など一〇ヶ条の誓いを立てました。ここでは、その第九条と第一〇条を見ておきます。

九、笠置寺に居住する時は、七日、一四日、二一日など、（中略）信心を慇《ねんごろ》に、修学するべきである。休息の時分のほかは、断酒・不淫ならびに、囲碁将棋など一切の勝負ごとをすべきではない。ただし、休息の時分であっても、遊びは三ヶ日を過ぎてはいけない、（中略）

一〇、手ずから双六《すごろく》を打たないこと、（後略）

第九条の前条では、毎年、どんなに短くとも百日（継続しなくてもよい）は笠置寺に居住することを誓っています。そして、第九条で、笠置寺に居る時は、「休息の時分のほか」は、禁欲して修行に勤めることを誓っています。しかも、三日を越して遊ばないとも誓っています。第一〇条では、自分では双六を打たない、とあります。

この誓文からも、宗性にとって笠置寺は、いわば、修行の場であり、禁欲の場であったことがわかります。

しかし、うがった読み方をすると、休息の時分には、酒を飲み、淫を行ない、囲碁・将棋をしていたことになります。双六に関していえば、江戸時代には禁制が出るほどで、古くから賭けの対象であったことがわかっています。これらの誓文から、官僧が賭け事に興じていたことも示唆されています。囲碁・将棋についても、たんなる勝負事ではなかった可能性があります。

こうした推測をさせるのは、宗性が、次のような誓文も作成しているからです。

敬白す　酒宴を禁断すること
右、酒は、諸仏の甚だ制禁し、衆聖は専ら受用するものではない。たとえ末代愚鈍の凡僧といえども、どうして恣《ほしいまま》に酒宴を好むべきであろうか。一方では良薬としてこれを服す、なお釈氏（仏教徒）のすべきことではない。いわんや遊宴のためにこれを飲むにおいておや。ほとんど俗人の過に越えるものか。よって今日より以後、一千日を限り、永く酒宴を禁断するところである。ただし、飲酒の薫習は、久しく、全く断ずることたやすいことではない。病患を治さんがために良薬として用いんとす。すなわち、六時の間、三合を許すのである。大概を禁断すること、その趣は以上のとおりである。敬白、

文暦二年六月二十日

宗性敬白
生年三十四

一見して、酒を禁断する誓いであることがわかります。戒律においては、飲酒は在家信者ですら禁止されていたのですが、この史料から宗性が酒を飲んでいたことは明らかです。文暦二（一二三五）年六月二〇日、千日を限って酒宴の禁断を誓っているのですが、酒を飲む習慣が長く、全面的に禁断することは難しいので、良薬として、六時念仏の間は、三合の酒の飲酒を許すことにしています。

しかし、その誓いは守られなかったらしく、さらに、誓いはエスカレートし、七年半後に

は、千日どころか永遠の禁酒の誓文を書いています。

敬白す　一生涯ないし尽未来際《じんみらいさい》断酒すること

右、酒は、これ放逸《ほういつ》の源であり、多くの罪の基である。しかるに、生年十二歳の夏より、四十一歳の冬に至るまで、愛して多飲し、酔うては狂乱した。つらつら、その犯すところの過《あやま》ちを思うに、さだめて、それ悪道の業である。先非を顧みるごとに、深く後悔を致すものだ。自今以後《じこんいご》、尽未来際、永くこれを禁断する。但し、如法真実に病気が難治の時は除く。願わくばこの善縁をもって、また、今の功徳によって、現世久しく余《よ》算《さん》を持ち、身には病患無くて、仏法を学びたい。当生必ず都卒《とそつ》に詣でて、慈尊を眼に礼し、慧解《えげ》を開きたいものだ。

仁治四年正月一日これを始む　　権律師宗性
生年四十二

すなわち、仁治《にんじ》四（一二四三）年正月一日に、一生涯のみならず、「尽未来際」（生き死にを繰り返しつつも永久に）禁酒することを誓っています。

七年半前に、千日を限って酒宴の禁断を誓ったにもかかわらず、酒好きは相変わらずで、多量に飲み、酔っては狂乱するという状況であったのです。

また、「生年十二歳の夏より、四十一歳の冬に至るまで」から、不飲酒戒を誓って出家した直後から、東大寺において飲酒していたことがわかります。これによると、宗性だけではなく、東大寺全体で不飲酒戒を犯していたのでしょう。そもそも、宗性が、正嘉《しょうか》二（一二五八）年九月九日に「禁断悪事勤修善根誓状抄《きんだんあくじごんしゅぜんこんせいじょうしょう》」をまとめたのも、誓いを守れないことへの反省からでした。

こうした宗性のケースは、例外的なことではなかったといえるでしょう。とくに男色、女犯、飲酒などは、ますます盛んになっていきました。宗性が、東大寺の別当までにもなれたこと自体、宗性の誓文に見える破戒は、例外ではなく、官僧たちに一般化していたことを示唆しています。

しかし、注目すべきことは、「禁断悪事勤修善根誓状抄」が示しているように、笠置寺などでは、そうした破戒が憚られる場であった点です。これは、持戒の動きが官僧内部に起こったことを示しています。「もう一つの世俗」とは異なる、本来の戒を守って悟りを開くための清浄な隠棲の場を作り出していたのです。聖なる場の存在は、後述する遁世とも関連して、大いに注目されます。

女犯

官僧世界においては、男色のみならず、女犯《にょぼん》（女性との性交）も一般化し、「僧の家」までもが存在していたことは、よく知られています。叡尊の父親が興福寺僧侶であったように、官僧が事実上、妻子を持っていたことは公然の秘密でした。ここでは、女犯についてもみておきましょう。

宗性は、文永一〇（一二七三）年、七二歳の時に、「法勝寺御八講問答記《ほっしょうじみはっこうもんどうき》」を記しました。それは、京都法勝寺での御八講の際に、誰が、どういう役を勤めたかを記していますが、人物に注記された、誰の息子か、誰の弟子であるのかなどの記事が目を引きます。

とくに、ここで注目されるのは、前章でも紹介しましたが、「真弟子《しんでし》」という言葉です。真弟子とは、真なる弟子という意味ではなく、実の息子が弟子となったことは、すでに述べました。たとえば、法勝寺御八講で、講師を勤めた源覚《げんかく》には、次のように注記がなされています。

権少僧都源覚、山、四七、弁、平宰相成俊卿猶子、三十二春、実任範法眼真弟子

これによると、権少僧都源覚は、山門すなわち延暦寺の出身で、四七歳であったこと、戒﨟は三二で、延暦寺の春の授戒を受けたことがわかります。弁《べん》（太政官の書記役）の平宰相成《しげ》俊《とし》卿の猶子《ゆうし》（養子）ですが、実は任範《にんぱん》法眼の真弟子であったというのです。つまり、源覚が任範法眼の息子であったことがわかります。

こうした注記により、法勝寺御八講に参加した講師九人のうち三人が、聴衆一〇人のうち四人が、真弟子であったことがわかり、官僧世界では男色とともに、女犯も大いに盛んであったことがわかります。

以上、東大寺宗性の例などを挙げて、官僧集団において、男色、女犯など、戒律によれば僧侶集団追放に当たる破戒が、高位の僧のみならず、下位の僧においても一般化していたことが明らかとなったはずです。

こうした官僧世界における破戒の一般化した状況の中で、国家的な戒壇での授戒のありように疑問を持ち、そこでの授戒の再生をめざす運動が起こっていったのです。そうした運動は、国立戒壇での授戒をリードしていた、東大寺戒壇と延暦寺戒壇の両方で起こり、結局、国立戒壇での授戒を否定し、新たな私的戒壇の樹立に向かっていきました。まず、東大寺戒壇で起こった戒律復興活動からみてみましょう。

第三章　破戒と持戒のはざまで

中世日本に興った〝宗教改革〟

うやむやとなった戒

宗性《そうしょう》らの例からもわかるように、古代末・中世においては男色《なんしょく》が官僧《かんそう》集団の文化となるほど、破戒が一般化していました。

他方、八世紀半ば、鑑真《がんじん》による国家的授戒《じゅかい》制の樹立以降は、戒臈《かいろう》という、受戒《じゅかい》後何年目であるかが僧侶集団内の序列を決める重要な要素となっていました。

そのために、制度としての授戒制は重要性を有し、中世においても続いていました。けれども、個々の官僧たちが、破戒を行ない、授戒制度の形式化はますます進んでいき、授戒の儀礼自体もあいまいになっていったのです。

その理由の一つに、一〇世紀以来、藤原氏などの貴族の次男、三男といった非嫡子が寺に入り、もう一つの貴族社会が僧侶集団内に形成されたことがあります。

今一つは、やはり官僧集団の数の増大にあると推測されます。数が増えれば、質が低下しがちなものです。現在の学士制度を例に挙げれば、大学進学率が高まり、大学生の数は増え、大学も増えています。それは、制度としての学士制が機能しているからです。学士の肩書きは、就職など、種々の場面で有効性を持っています。

しかし、だからといって何人の学生が、学士にふさわしい勉強をしているのか疑わしいのが現状です。学士制の衰微、弛緩は目に余るものがあります。すなわち、官僧が授戒制度下にあって、破戒が一般的であった状況と同じといえるかもしれません。

そこで、一二世紀には、律学（戒律研究）の復興や授戒制度の整備が問題となりました。そうした中で、実範《じっぱん》による授戒儀礼の整備がはかられたのです。

実範によって始まった戒律復興

東大寺戒壇での授戒の復興といえば、まず、実範（?—一一四四）が挙げられます。実範は、興福寺《こうふくじ》で僧綱《そうごう》にまでなってから、中川（奈良市）に隠棲していました。ところが、保安《ほうあん》年間（一一二〇—二四）に、律学《りつがく》の衰微を歎く興福寺側の意向を受けて、「東大寺《とうだいじ》戒壇院《かいだんいん》受戒式《じゅかいしき》」をまとめることになったといいます。「東大寺戒壇院受戒式」というのは、東大寺戒壇での授戒のやり方をまとめたものですが、授戒の中心であるはずの東大寺ですら、それがはっきりしなくなっていたのでしょう。

興福寺僧らによって東大寺戒壇での授戒や律学状況が問題視されたことから、当時においても、東大寺戒壇が、東大寺僧のみならず興福寺、西大寺《さいだいじ》、園城寺《おんじょうじ》ほかの官僧集団が共有する国家的な戒壇であったことが読み取れます。

実範は、鑑真が開山で、授戒に詳しい僧侶がいると考えられた唐招提寺《とうしょうだいじ》に行きました。衰微していた唐招提寺でしたが、戒光《かいこう》という僧に出会い、戒光から「東大寺戒壇院受戒式」を教えられたといいます（『唐招提寺解』）。

東大寺戒壇で戒和尚《かいわじょう》を筆頭とする戒師を勤めるのは、南都六宗《なんとろくしゅう》の律宗の系譜を引く、興福寺東《とう》・西金堂衆《さいこんどうしゅう》といった律学衆と呼ばれる官僧でした。そして、実範に「東大寺戒壇院受戒式」をまとめるように頼んだのも、興福寺西金堂の良勝房快増《りょうしょうぼうかいぞう》であったといいます。彼らすら戒律に疎《うと》くなっていたのでしょう。

ここに、東大寺戒壇院での授戒方式が再興されたのです。しかし、「東大寺戒壇院受戒式」がまとめられた以後も、僧侶の戒律への関心は低く、破戒も一般化していました。そうした中で、末法においては形だけでも戒律を学べば効果があるという悲壮な決意で東大寺戒壇での授戒制の復興に努めたのが、解脱房貞慶《げだつぼうじようけい》（一一五五―一二一三）です。

先述したように、宗性は笠置寺《かさぎでら》では禁欲を守ろうとしました。その笠置寺の中興者こそ貞慶です。貞慶の、釈迦信仰に基づく戒律「復興」運動によって、笠置寺は男色・女犯《によぼん》をも禁ずる禁欲の場となったのです。次に、貞慶に注目してみましょう。

貞慶の戒律復興

貞慶は、久寿《きゆうじゆ》二（一一五五）年五月二一日に藤原通憲《ふじわらのみちのり》（信西《しんぜい》）の第二子藤原貞憲《ふじわらのさだのり》の子として生まれ、建暦《けんりやく》三（一二一三）年二月三日に五九歳で死去しました。祖父通憲は、平清盛《たいらのきよもり》と結んで権勢を誇りましたが、平治《へいじ》の乱（一一五九）に際して殺害されたことで知られます。一族からは、唱導家《しようどうか》として有名な叔父澄憲《ちようけん》をはじめ優れた学僧が出ました。

貞慶の僧侶人生は、応保《おうほう》二（一一六二）年に始まりました。彼は、その年、八歳で興福寺に入ります。すなわち、貞慶も童子として興福寺で暮らしていたのです。永万《えいまん》元（一一六五）年には興福寺で出家し、同年に東大寺戒壇院で受戒しました。それ以後、叔父の覚憲《かくけん》に付いて法相宗や律宗などを学んだのです。

「法相宗や律宗などを学ぶ」などと書くと、「宗」は信奉するものではないのかという声が聞こえそうですが、まさに、その点にこそ、古代以来の官僧たちの仏教の本質が表われているのです。すなわち、当時の「宗」は、学ぶべき教学を意味しているのです。

官僧について

ところで、ここでもう一度官僧《かんそう》について整理しておきましょう。当時の興福寺あるいは東大寺、延暦寺といった寺の僧侶たちは、国家公務員的な官僚僧、略して官僧、でした。つまり、各寺で出家の手続きは行なわれるにしても、建て前としては天皇の許可を得て僧侶となり、国家から度縁《どえん》（＝出家証明書）をもらい東大寺戒壇ほかの国家的戒壇で受戒して、そのうえで僧位・僧官に任命されるのを典型としていました。

彼らの第一義の勤めは鎮護国家の祈禱であったのです。天皇に許可を得ず立ち上げた法然《ほうねん》らの教団が国家的に認知されるまでは、官僧集団のみが僧侶集団としてひとまず認められた存在でした。いわば、僧侶たちは官僧体制のもとにあったといえます。

官僧たちは、官僚の一種ですから、衣・食・住が保証され、兵役の免除などの特権がありましたが、死穢《しえ》をはじめとする穢《けが》れの忌避などの制約があったのです。死穢というのは、死体から発する穢れで、死体に触れたり、同座するなどすれば、死穢に汚染されたことになります。死穢に汚染される（触穢《しょくえ》という）と、三〇日もの間、自宅で謹慎しなければならず、それゆえ、官僧たちは、葬式など、穢れに関わることに従事するのが憚《はばか》られたのです。現在、僧侶は葬式に従事するものと考えられているのとは全く異なっていたのです。

もっとも、官僧以外に、聖《ひじり》や在家沙弥といった官僧でない僧侶も数多くいましたが、国家的には僧侶としては認知されていませんでした。しかし、このことは、当時の聖や在家沙弥の役割が小さかったというのでは決してありません。

道を整え、無縁仏を回向するなど、大きな役割を果たしていたのですが、僧として認められていなかったのです。「僧尼令《そうにりょう》」という法律で認められた官僧ではなかったため、先述したような、衣食住を保証されたうえに軍役が免除されるといった官僧の特権は認められなかったということです。

貞慶は、そうした興福寺所属の官僧の一人として出発しましたが、鎌倉新仏教の祖師たちも官僧から出発していました。

エリート僧貞慶と笠置寺

貞慶は、その官僧世界でもエリートコースを歩んだようで、寿永《じゅえい》元（一一八二）年には鎮護国家の法会《ほうえ》の中でも重要な興福寺維摩会《ゆいまえ》の竪義《りゅうぎ》（法相宗《ほっそうしゅう》の教理問答）を経て、文治《ぶんじ》二（一一八六）年には維摩会の講師をも勤めたのです。貞慶もほかの官僧たち同様、鎮護国家の法会である勅会《ちょくえ》に参加し、昇進していくことを名利《みょうり》としていたことが次の歌からも読み取れます。貞慶は、『続後撰和歌集』（一二五一年完成）に、「世をのがれて後、公請《くじょう》のためにしるしおきたる文を見て」と題して、和歌をしたためました。

　これをこそまことのみちと思ひしになほ世をわたる橋にぞありける

「勅会に招かれる公請のために仏教を研究することを、真の道だと思っていたが、笠置寺への遁世を決意した今では、それもまた渡世の橋にすぎなかったのだなあ」と詠んでいます。貞慶の官僧時代の生活を彷彿とさせてくれる名歌といえます。

現在も京都府相楽郡《そうらくぐん》笠置町《かさぎ》にある、大和と山城の国界《くにざかい》に位置する笠置寺は、巨大な弥勒磨《みろくま》崖石仏《がいせきぶつ》で有名なように、弥勒信仰の拠点の一つでした。奈良・平安時代以来栄えていましたが、建久《けんきゅう》四（一一九三）年、貞慶が春日神の夢のお告げにより、官僧世界からの離脱を決意し、笠置寺に入寺したことによって、弥勒信仰の中心としていっそう発展したといいます。この寺は、鎌倉時代最末期に後醍醐《ごだいご》天皇が籠ったことでも有名です。

新たな活動のための二重出家

さて、この官僧身分からの離脱は、当時の史料では「遁世《とんせい》」とか「隠遁《いんとん》」と表現されています。遁世とは、本来、出家を意味し、古代においては、興福寺、東大寺、延暦寺などに入ることを意味しました。しかしここでは、興福寺から離脱し、笠置寺で禁欲の仏道修行を行なうことが、遁世（隠遁）と表現されているのです。

先に挙げた貞慶の和歌からわかるように、遁世したはずの出家者の世界も、もう一つの世俗界であったので、あらためて遁世とか隠遁とか表現する必要があったのでしょう。

系図類では、官僧身分からの離脱や、鎌倉新仏教寺院へ入ることを「遁世」と表記していますので、以後、官僧から離脱して、いわば二重出家した僧を、遁世した僧、つまり遁世僧《とんせいそう》と呼びます。

貞慶は興福寺所属の官僧身分から遁世しましたが、法然、親鸞《しんらん》、日蓮《にちれん》、栄《よう（えい）》西《さい》、道元《どうげん》らも官僧の世界（延暦寺）から遁世しました。このように、鎌倉新仏教初期の祖師たちは、遁世僧であった点に注意を喚起したいのです。貞慶のめざましい活躍も、遁世して笠置寺へ移住以後に始まります。

遁世とか隠遁というと、ともすれば世をはかなんで、ひっそりと生きることをイメージされがちですが、鎌倉新仏教の僧侶たちにとっての「遁世」とは、新しい救済活動の起点となるものであった点に注目する必要があります。というのも、すでに触れたように、官僧たちには、現在の公務員の服務規定にあたるような、種々の活動上の制約があったからです。その最たるものは穢れ忌避の義務でした。官僧たちは、穢れを憚《はばか》るあまりに、その救済活動には、「たが」がはめられていたのです。

たとえば、当時、ハンセン病患者は穢れの極にある非人（人間でありながら、人間にあらざる存在）と考えられていましたので、官僧たちは直接的な救済を行なえなかったのです。

貞慶は、承元《じょうげん》三（一二〇九）年には曼陀羅堂《まんだらどう》再興を発願した奈良の北山非人《きたやまひにん》に代わって願文を書いていますが、官僧時代の貞慶は、そうしたことはできなかったはずです。

　また、死体に触れたり、同座することも死穢に触れると考えられ憚られていました。先述したように、宗性が、殺害された力命丸の骨を拾って、笠置寺に籠ったのも、死穢に触れたからです。遁世の場である笠置寺は、そうした憚りから自由な場であったのです。

　貞慶の信仰や活動は多岐にわたっており、弥勒信仰、釈迦信仰、舎利《しゃり》信仰など複数の信仰の持ち主であったとされますが、私は、貞慶の信仰の中核には、釈迦信仰があり、それを中核としてさまざまな信仰や活動があったと考えています。

釈迦信仰と持戒

　従来、中世仏教というと、法然・親鸞らの阿弥陀信仰が注目されがちでした。すなわち、阿弥陀仏の立てた四十八願にすがって、極楽往生をめざすグループに光が当てられてきたのです。けれども、もう一つ重要な信仰として、釈迦信仰があり、とくに中世においては、釈迦の立てた五百の大願にすがって成仏をめざす信仰が流行しました。栄西、道元、日蓮、明恵《みょうえ》、叡尊《えいぞん》らは強烈な釈迦信仰を持っていた点にも注目する必要があるのです。そして、実に戒律重視の活動は、釈迦信仰を重視するグループによって担われていったのです。

貞慶の著作の一つに、『愚迷発心集《ぐめいほっしんしゅう》』というのがあります。そのなかでは、愚かで迷妄な自分が、堅固な菩提心（悟りをめざす心）を起こすことができるように神仏に祈願しています。また、釈迦の在世に生まれることができず、五六億七〇〇〇万年後の弥勒仏の出現までの「仏前仏後」の間に生まれた自己の不運を歎き、インドから遠く離れた日本に生まれたことも歎いています。そこには、本師釈迦を慕う強烈な思いが表われています。

釈迦へ帰ろうとすれば、釈迦の定めた戒律への回帰が起こるのが自然です。貞慶の戒律への思いも、釈迦信仰の一環として起こったといえます。

笠置に遁世した貞慶は、建暦二（一二一二）年に弟子覚真《かくしん》に命じて興福寺に常喜院《じょうきいん》を建て、律を講じさせ、戒律復興に努めるなどの活動を開始します。貞慶は、遁世の身でありながら、古巣の興福寺に戒律研究の場である常喜院を作ったのです。

貞慶は、承元の頃（一二〇七―一一）に「戒律興行願書《かいりつこうぎょうがんしょ》」を著しているのですが、それによれば、次のような「戒律興行」に対する悲壮な気持ちが述べられています。

「釈迦の死後は、戒律が師であるが、末世においては、戒律を学び、護持する者もいない。そういう状況下では、たとえ不清浄（戒律を護持していない）の比丘であっても、不如法（戒律通りでない）の規則としても、ひとりでも二人でも戒律を知る人がいれば随分の勝れた縁である」とし、興福寺東西両金堂の律学衆に戒律研究を求めています。

先の実範の東大寺戒壇再興にもかかわらず、戒律を専門とする律学衆ですら戒律に疎くなっていたのでしょう。宗性について述べたところで、笠置寺が、男色、飲酒も禁欲しなければならないような、清浄な場であったことがわかりましたが、その背景には貞慶による、こうした戒律「復興」運動があったのです。

貞慶と男色

もっとも、貞慶の笠置寺への遁世の理由については、先に、春日神のお告げによる、と記しましたが、『碧山日録《へきざんにちろく》』長禄《ちょうろく》三（一四五九）年九月二〇日条に、以下のような話が伝えられています（訳文）。

貞慶は、興福寺で唯識《ゆいしき》の研鑽《けんさん》を積んでついに蘊奥《うんのう》を極めるにいたりました。その頃、同房に呉竹《くれたけ》という稚児がいて、その容姿があまりにすばらしかったので、貞慶はこれを深く愛しました。

ところが、ある日、この稚児の姿が見えなくなったのです。いつも気にかけ愛していた稚児であったので、誰かが奪ったのではないかと心配し、密かに捜索したといいます。その結果、とある田舎の百姓の家にいることがわかり、貞慶はそこに向かったのですが、稚児は丁度その時に小麦餅を食べていました。その様子は、普段、房中の呉竹とは大違いであったのです。そのために、貞慶は失望し、「私よりも、小麦餅の方が呉竹の心を捉えている」と悟って、笠置寺への隠遁を決意しました。

貞慶が極めた唯識というのは、空《くう》についての理論で、この世の一切は心の生んだ幻想にすぎず、執着すべきではないとする考えです。色眼鏡をかけた時と、かけない時とでは、景色は全く違って見えますが、唯識思想は、私たちの理解とか認識とかいうものは、心が生み出す幻想であり、いわば色眼鏡をかけて、ものごとを見ているようなものだという考えです。

それゆえ、『碧山日録』では、貞慶の唯識理解を揶揄《やゆ》しているわけです。この話が事実かどうかは別にして、宗性などの例から判断すれば、貞慶自身も童子として興福寺に入寺しているので、彼もまた稚児と男色関係があったと考えるのは自然といえます。貞慶の必死の戒律復興の思いも、男色や女犯などの破戒が一般化していた興福寺での実体験が、その背景にあると考えられます。

海住山寺ですら

貞慶が中興した寺としては、海住山寺《かいじゅうせんじ》（京都府木津川市）も知られています。貞慶は、建暦三（一二一三）年正月一一日に、海住山寺の住僧が守るべき規則を定めた五ヶ条の起請文を書きました。その第五条には、「山中の闘諍《とうそう》を停《とど》むべき事」が規定されています。童子のことが原因で、海住山寺の僧同士が誹謗《ひぼう》をしたり、当座の無礼をはたらいたりすることへの懸念が示されているのです。そして、たいした事でもないのに他人に告げ回って、相手を傷つけようとすることはもっとも悪いことであるとされています。

この規定からは、戒律を復興させたはずの海住山寺ですら、童子をめぐる争いが想定されるほどであったことが逆に読み取れます。

貞慶が興福寺に設立した常喜院では、二〇人の律学衆が、暮らしながら戒律研究に励んだようです。そのメンバーの一人であった覚盛《かくじょう》らによって、後にめざましい戒律「復興」運動が起こります。また、貞慶の弟子戒如《かいにょ》も覚盛の同志叡尊らに大きな影響を与えました。

そうした覚盛らに大きな影響を与えた人物として俊芿《しゅんじょう》もいます。

北京律の祖、俊芿

俊芿は、仁安《にんあん》元（一一六六）年、肥後国飽田《あきた》郡甘木荘《あまぎのしょう》（熊本県上益城《かみましき》郡）で生まれました。四歳で天台宗系の寺に預けられ、一八歳で剃髪、一九歳となった文治《ぶんじ》元（一一八五）年四月八日に、筑前観世音寺戒壇で受戒しています。

観世音寺はもともと、天台宗系以外の九州の沙弥のための国家的戒壇でしたが、この頃には観世音寺戒壇は、天台宗系、真言宗系などを問わない諸宗の九州出身の沙弥が受戒する戒壇として機能していたことがわかります。

正治《しょうじ》元（一一九九）年四月には入宋し、建暦《けんりやく》元（一二一一）年に帰朝しました。帰朝後は、栄西の後援を得て、建仁寺に寄寓しましたが、諸寺を経て、京都仙遊寺（泉涌寺《せんにゅうじ》と改名）に入り、嘉禄《かろく》三（一二二七）年閏三月一〇日に、泉涌寺で死去しています。

足かけ一三年にわたる入宋によって、俊芿は多くのことを学び、とくに、禅・律・浄土についての中国の動向を日本に伝えました。

俊芿は、帰朝した建暦元年に、『占察経《せんさつきょう》』に依拠して自誓受戒《じせいじゅかい》を行ないました（蓑輪顕量《みのわけんりょう》、一九九九)。自誓受戒とは、『占察経』などに基づき、先述した一〇人の戒師(三師七証)からではなく、仏・菩薩から直接に菩薩戒を受ける受戒です。

俊芿の自誓受戒は、あくまでも一〇人の戒師が伴わない時のための便法としての受戒で、菩薩戒を受けて菩薩比丘たらんとするものではなかったようです。けれども、『占察経』に基づき、自誓受戒によって菩薩戒を受けた事実は、自誓受戒によって菩薩比丘となる道を開いたのです。これが、次で述べる覚盛らに大きな影響を与えたと考えられています。

俊芿以後も、泉涌寺は、戒律研究のメッカとなり、そこでの律学は、南都の西大寺・唐招提寺の南京律《なんきょうりつ》に対して、北京律《ほっきょうりつ》と呼ばれます。

理論を担った覚盛

覚盛(一一九四—一二四九)は、房名を学律房《がくりつぼう》(後に改めて窮情房《きゅうじょうぼう》)といい、興福寺の西金堂《さいこんどう》衆《しゅう》でした。先に触れた建暦二(一二一二)年に建てられた常喜院で研学する二〇人のうちの一人に選ばれました。その時、一八歳で、最年少であったといいます。

このように、覚盛は若くして、戒律を研究し、後の戒律「復興」の理論的な部分を担い、『菩薩戒通別二受抄《ぼさつかいつうべつにじゅしょう》』、『菩薩戒通受遣疑抄《ぼさつかいつうじゅけんぎしょう》』などを著しました。

覚盛は、戒律の研学を深めるうちに、破戒の一般化に悩みました。そして、嘉禎《かてい》二（一二三六）年九月には円晴《えんせい》・有厳《うごん》・叡尊らとともに東大寺羂索院《けんさくいん》（法華堂）で自誓受戒するという戒律「復興」を開始しました。すなわち、『占察経』などに基づき、仏・菩薩から直接に菩薩戒を通受受戒することによって、菩薩比丘となろうとしたのです。覚盛ら四人は自誓の四哲と呼ばれます。

通受と別受

戒律は、内容により、摂律儀戒《しょうりつぎかい》（止悪戒《しあくかい》）、摂善法戒《しょうぜんほうかい》（作善戒《さぜんかい》）、摂衆生戒《しょうしゅじょうかい》（利他戒《りたかい》）に区分されます。すなわち、悪をしないという戒（止悪戒）、善をなすという戒（作善戒）、他者の利益になることをする戒（利他戒）の三つです。それらすべてを通じて受けることを通受《つうじゅ》といい、摂律儀戒のみを別して受けるのを別受《べつじゅ》といいます。

通受（従来、授戒者側に立つ時も通授とはせずに、受戒者側に立って論ずる時と同様、「通受」で統一されてきているのでそれに従う。「別受」も同じ）とは、別受と対になっている授戒のやり方のことです。

鑑真は、『四分律』に説く二五〇戒を摂律儀戒とし、東大寺戒壇で三師七証によってその戒を授けられる方式を、『四分律』に基づく別受としました。つまり、比丘となるには、『四分律』の二五〇戒の別受が必須とされたのです。他方、覚盛らの自誓受戒は、『四分律』の別受ではなく通受だったのです。

当時は、形式化していたとはいえ、東大寺戒壇で戒師による授戒が続いていましたから、彼らが自誓受戒を行なったことは、東大寺戒壇の戒師の存在を否定する行為でした。

覚盛らは、破戒が一般化した末世においては如法（戒律を護持している）の戒師はいないとの認識に立って、仏・菩薩から直接に受戒しようと志したのです。そうした認識の背景には、これまで紹介してきたように、戒師たちすらも男色などの破戒が当然のものになっていたことがあったのでしょう。

他者を救う僧であるために

仏教といえば、他者を救済するものと思われがちですが、官僧たちは、国家に従属し天下太平、国家安穏を祈ることを第一義とし、穢れ忌避の制約などから個々人の救済はないがしろにしていたのです。それゆえに、覚盛たちは、他者を救済する菩薩比丘こそが真の比丘と考え、「他者を救済する菩薩比丘であれ」と主張し、別受ではなく通受を行なったのです。

しかし、こうした覚盛らの活動は、今まで正式とされてきた東大寺戒壇での三師七証方式を否定する許しがたい行為と見なされました。

それでも覚盛は、先の『菩薩戒通別二受抄』、『菩薩戒通受遣疑抄』などを著し、批判に反論しました。また、寛元《かんげん》二（一二四四）年二月に唐招提寺に移ってからは、めざましい戒律「復興」活動を始めたのです。

とくに、寛元三（一二四五）年には、叡尊らとともに家原寺《えばらでら》（大阪府堺市）で別受を行ない、それを核とする新義律宗教団ともいえる新たな教団を樹立するにいたります。ただ、覚盛は、建長《けんちょう》元（一二四九）年五月に道半ばにして死去したために、叡尊が戒律「復興」運動の中心となっていきます。

しかし、覚盛以後も、唐招提寺は、叡尊らの協力を受けて発展し、証玄《しょうげん》、良遍《りょうへん》、真空《しんくう》、円《えん》照《しょう》、凝然《ぎょうねん》、導御《どうご》といった唐招提寺系の律僧が輩出した点も忘れてはなりません。

叡尊と弘法大師

思円房叡尊《しえんぼうえいぞん》（一二〇一—九〇）は、建仁《けんにん》元（一二〇一）年五月、大和国添上《そえかみ》郡箕田里《みたのさと》（奈良県大和郡山市白土《しらつち》町）に、興福寺の学侶慶玄《きょうげん》を父とし、藤原某を母として生まれました。叡尊の

「興正菩薩叡尊上人坐像」奈良・西大寺蔵　国宝

父もまた、不淫戒を犯していたことになります。

叡尊は、家が貧しかったこともあって、一一歳から一五歳まで、童子として醍醐寺で暮らしています。これまで何度も触れた醍醐寺は、現在の京都市伏見区醍醐東大路町にある真言宗醍醐派総本山の寺院で、開山は理源大師聖宝《しょうぼう》です。

醍醐寺において叡尊は、一一歳の時には叡賢《えいけん》のもとで、一四歳になると栄実《ようじつ》の房に移住して、栄実の愛顧を被ったといいます。建保《けんぽう》五（一二一七）年一二月中旬に、叡尊は、醍醐寺恵操《えそう》大法師を師として出家し、東大寺戒壇で受戒し、密教《みっきょう》を学ぶことにしたのです。こうして、叡尊は醍醐寺所属の密教を専門とする官僧となりました。

しかし、叡尊は、嫡々相承《ちゃくちゃくそうじょう》の秘法を受けた密教僧の多くが魔道《まどう》に落ちているのは何故か、という疑問を常に持ち続けていました。そしてついに、弘法大師空海の遺誡《ゆいかい》に出会い、転機が訪れます。三四歳の時でした。

その遺誡によれば、「悟りをめざす心を起こし、悟りの境地をめざして遠く進むには足がなければ進むことはできないが、仏道では戒がなければどうして悟りにいたることができよう。たとえ命を失ったとしても、この戒を犯してはならない。もし、ことさらに犯す者は、仏弟子ではない」というのです。空海にとって、戒律の護持は仏弟子としての大前提であったのです。

叡尊は、密教僧として出発しながらも、密教僧が魔道に落ちている姿を見て、その理由を、破戒（仏弟子にあらざる行為）に見出し、きちんとした仏弟子となろうという意識から、戒律「復興」にめざめたのです。

ちょうどその時期、東大寺戒禅院《かいぜんいん》（のちの知足院）に住む尊円《そんえん》の勧進《かんじん》により、西大寺宝塔院（東塔のこと）に六人の持斎僧《じさいそう》（戒律を守る僧）を置くことになりました。

その話を聞いた叡尊は、尊円を訪ね、嘉禎《かてい》元（一二三五）年正月一六日に、西大寺宝塔院に住むことになります。それ以後、叡尊は、戒如《かいにょ》、覚證《かくしょう》、興福寺円晴《えんせい》らの講義を聞き、戒律の研学に努め、これまでの生活が戒律に反していたという自覚を強く持つようになったようです。

中世醍醐寺の男色世界

叡尊が、一一歳から一五歳まで、童子として醍醐寺で暮らしていたことは、先に述べました。中世の醍醐寺は、美しく咲く桜のもとで、童子の華麗なる舞で彩られる桜会《さくらえ》で知られていました。桜会は、正式には清滝会《せいりようえ》といい、醍醐寺の鎮守下醍醐清滝宮《しもだいごせいりようぐう》の法会《ほうえ》です。永久《えいきゆう》六（一一一八）年三月一三日に始まり、鎌倉時代には大変著名でしたが、南北朝期には途絶えてしまいました。

この桜会の呼び物は、童子たちの舞でした。この童子の舞をめぐっては、神に捧げられた聖なる舞とする説もあれば、僧たちを楽しませる俗なる舞とする説もありますが、ここでは、桜会の舞にかいま見られる醍醐寺の官僧世界を押さえておきましょう。

この醍醐桜会は「童を主人公とする芸能の場であり、僧の日常に埋没していた童をめぐる性愛の世界が表出する場」（土谷、二〇〇二）であったと評価されるように、あやしく、倒錯的な妖艶さで舞う童子へ恋する僧の物語が多く伝わっています。

醍醐の桜会に、童舞《どうぶ》がすばらしい年があった。とくに、源運《げんうん》という僧は、その時は、少将の公といい、見た目もすぐれて、舞も他にまさって見えた。彼を、宇治平等院《うじびょうどういん》の宗《そう》順阿闍梨《じゅんあじゃり》が見て、思いあまったのであろうか、あくる日、少将の公のもとへ言い寄った。

この話は、『古今著聞集《ここんちょもんじゅう》』巻五、一九八段の一部の意訳です。それによれば、源運という僧が、少将の公と呼ばれる美男の童子であった頃、桜会の舞をうまく舞ったために、宗順阿闍梨が一目惚れして、和歌を遣わしたというのです。源運は、一二世紀半ばの醍醐寺座主《ざす》元《げん》海《かい》のもとにいた醍醐寺僧でした。

こうした醍醐寺の官僧集団内の男色の具体的なありようについては『稚児草紙《ちごのそうし》』が赤裸々すぎるほど語っています。『稚児草紙』は醍醐寺に所蔵されてきましたが、すでに、橋本治(『ひらがな日本美術史2』)らによって紹介されています。それは、元亨元(一三二一)年に醍醐寺で書写された模本といいます。

『稚児草紙』という絵巻物は、五人の稚児たちの美談物語です。たとえば、第二の話は、主人持ちの稚児がよその僧に慕われ、一旦は断ったのですが、結局は情にほだされて関係を持つという話です。ただ、この二人の関係は稚児が出家して僧になった後まで続いたので美談なのです。興味ぶかいのは、詞書には、私はこの話を確かな筋から聞いたと書いてあり、真実性を強調している点です。それは、宗性が九五人を相手にしたように、逆説的に、相手を変える稚児が多かったことを示しているでしょう。

また、その絵には男性性器が露骨に表現されているばかりか、僧侶と稚児との性交のようすが赤裸々に表現されており、驚かされます。ただし、稚児とはいっても、『稚児草紙』に描かれた稚児は、その言葉から我々が想像するような、幼い少年などではなく、「逞しく色白な体育会青年」（橋本）といった稚児でした。そして、その他の話は、あまりにも露骨で、ここに記すことは憚られます。

このように、叡尊が童子として暮らした頃の醍醐寺は、童舞で著名な桜会で知られた寺であり、僧侶たちが男色におぼれた生活をし、その主な相手は童子であったと思われます。

それゆえ、一一歳から一四歳まで叡賢のもとに住み、一四歳からは栄実の「愛顧」を被ったという叡尊自身も、少なくとも、男色関係を知る機会はあったはずです。叡尊の「破戒僧」のイメージには、女犯のみならず男犯の醍醐寺僧たちがあったことは想像に難くないでしょう。

自誓受戒

叡尊は、嘉禎二（一二三六）年七月に興福寺常喜院で覚盛に出会いました。これこそ、叡尊の戒律「復興」活動において画期的な事件でした。その際、覚盛から常喜院の円晴・有厳の二人の同志とともに東大寺で自誓受戒《じせいじゅかい》を行なう計画を聞き、それに参加する約束をしたのです。

ここで自誓受戒について、あらためてまとめておきましょう。受戒というのは、戒律護持を誓う儀礼のことで、通常、正規の僧（比丘）となるためには、『四分律』に説く二五〇の戒律護持を一〇人の戒律に精通した戒師（三師七証）の前で誓いました。こうした戒師の前で戒律護持を誓う方式を従他受《じゅうたじゅ》（戒《かい》）というのに対して、戒師からではなく、仏・菩薩から直接受戒する方式を自誓受戒といいます。

この自誓受戒は、『占察経』などに依拠していますが、本来は、僻地で戒師がいないなどの特別な場合の方式でした。

嘉禎二年九月の叡尊や覚盛ら四人の自誓受戒により、戒律「復興」が始まります。たかが、戒律復興と思われがちですが、叡尊らの自誓受戒は、菩薩戒の受戒であり、他者の救済をめざす実践者としての菩薩のための戒と位置づけた点に特徴があるのです。

延暦寺の受戒も菩薩戒ですが、官僧体制の枠内での菩薩戒であったため、先述した穢れ忌避の制約から、社会救済事業などを行なうには大きな制約があったのです。穢れた場や行為を避けなければならなかったからです。

のちに、叡尊らが行なったハンセン病患者の救済をはじめとするめざましい利他行（他者救済活動）は、この菩薩戒の自誓受戒に起点があるのです。

自誓受戒した四哲のうち、叡尊が西大寺を、覚盛、有厳が唐招提寺を、円晴が不空院を「復興」することになりますが、有厳は後に戒を捨てたといいます。この自誓の四人で興福寺常喜院で戒律に従った生活を開始しようとしましたが、興福寺と幕府との間で争いが起こりそうになっていたので、東大寺の油倉《あぶらくら》（勧進所）の辺に住むことになりました。九月末には、叡尊以外の三人は興福寺に戻り、叡尊は、西大寺へ一旦は戻ったのですが、荒廃がひどく、結局、奈良の海竜王寺に住むことになったのです。

ここに叡尊の戒律「復興」が始まったのですが、叡尊の活動を喜ばない者もいて、門前に落書されたり、僧坊に矢を放たれることもあり、暦仁元《りゃくにん》（一二三八）年八月五日には西大寺に戻りました。以後、西大寺を拠点として、戒律「復興」運動が始まります。

西大寺での戒律「復興」

東大寺と並び称された西大寺《さいだいじ》を知る人は少ないかもしれません。が、名前の通り、奈良時代には、東大寺とともに平城京の東西に並び立つ巨大寺院でした。天平宝字《てんぴょうほうじ》八（七六四）年の藤原仲麻呂《ふじわらのなかまろ》（恵美押勝《えみのおしかつ》）の乱に際して、称徳《しょうとく》天皇が勝利を願って、金銅四天王像の造立を発願したのが始まりです。

創建当初は、興福寺（約二六万平方メートル）などをも凌ぐ三一町（約五二万平方メートル）という広大な敷地に、四王堂・薬師金堂・弥勒金堂・十一面堂・東西両塔などが立ち並ぶ壮大な寺院でした。

しかし、称徳天皇の死後は急速に衰退し、叡尊が戻った一三世紀前半頃の西大寺は荒廃の極にあったようです。建物は、四王堂・食堂《じきどう》・東塔（宝塔院とも）が残るだけで、かつて所有していた寺領荘園も、三六ヶ所のうちの二七ヶ所を失い、残りも有名無実という状態でした。

叡尊が、「命を惜しまず、西大寺に止まり、仏教を興し、衆生を救済しよう」と悲壮な決意をして入寺した頃、西大寺は興福寺末寺の一つとして、興福寺僧が西大寺別当（寺の最高責任者）を勤め、四王堂を拠点とする官僧を統括していました。

叡尊が、西大寺の官僧たちに対して優勢になるのは、弘安元《こうあん》（一二七八）年七月一八日付けで、西大寺別当乗範《じょうはん》が運営権を叡尊に寄付して以後のことです。

さて、入寺してまもない暦仁元年一〇月二八日に、叡尊は西大寺の結界を行ないました。結界は、領域を限って清浄化することです。

戒律によれば、僧侶はその中にしか住むことができないし、布薩《ふさつ》などの種々の儀礼もその内でしか行なえません。それゆえ、西大寺が創建された際にも、結界はなされたはずです。それにもかかわらず、結界を行なったというのは、新たな寺の建立と等しい行為であったといえます。ここにも、戒律に従った生活を行なおうとする叡尊の堅い意志が読み取れます。

そして、結界した翌日には、『四分律』の戒律に照らして自己の行為を反省しあう四分布薩を行ない、三〇日には、『梵網経』下巻に説く戒に照らしての梵網布薩を行なっています。

布薩は、当時、官僧世界では中断していました。男色や女犯が当たり前であり、自己の行為を反省しあう布薩を行なう意味がなかったからでしょう。それゆえ、叡尊の同志覚盛は、如法（戒律に適った）の四分布薩が行なわれたことに感激して、涙が止まらなかったと伝えられています。戒律護持への強い願いがそこに窺われます。この布薩儀礼については後でもう一度触れます（第三章「布薩を共有した中世律僧」）。

以後、叡尊らは、寺に閉じこもることなく、興法利生《こうぼうりしょう》活動を行なっていきました。すなわち、戒律に基づく仏教を興し、さまざまな民衆救済を行なったのです。延応《えんおう》二（一二四〇）年三月には、高弟忍性《にんしょう》も叡尊の教団に入ります。こうして、しだいに弟子も増加していきました。先述のように、寛元《かんげん》二（一二四四）年二月には、覚盛も興福寺を出て唐招提寺で戒律「復興」運動を開始します。

寛元三年正月には、行基《ぎょうき》誕生の地を寺とした和泉国家原寺《えばらでら》清涼院（大阪府堺市）の住持職を獲得しました。これこそ、叡尊の行基信仰の強さを表わしています。

行基（六六八―七四九）は、八世紀初めに、社会事業や民衆教化のために官僧を離脱しました。それらの活動は「僧尼令」では禁じられていたからです。彼は、道を整え橋を架け、乞《こ》食《じき》に食事を与えるといった救済活動を続けました。もっとも、のちには、東大寺大仏修造のために大勧進《だいかんじん》に任命され、そのような活動が公認されて、再び官僧に戻ることになります。しかし、行基の活動は菩薩比丘の活動として、叡尊のモデルとなりました。叡尊は、橋・池・道路の構築・整備などの社会事業を行なうと同時に、行基ゆかりの寺院の復興も努めることになるのです。

さらに、注目されるのは、寛元三年九月一三日には家原寺で、叡尊が覚盛らとともに戒師となって合計二六人に別受を行なった点です。実に、この授戒も、戒律の原則からいえば、異例のことでした。

というのも、別受の戒師となれるのは、受戒後一〇年以上たった一人前の比丘でなければならないのに、叡尊らが、自分たちの授戒の出発点とした嘉禎《かてい》二（一二三六）年九月から寛元三年九月まで九年しかなく、一〇年に満たなかったからです。

ところが、覚盛、叡尊は、たとえ一〇年に満たずとも、利他のために授戒をなすべきだとして、独自の別受授戒を家原寺で行なったのです。すなわち、東大寺戒壇と同じ方式の授戒を公然と行なったといえます。それゆえ、南都の官僧たちから、東大寺戒壇での授戒を無用とするものだとして非難が起こっています。

黒衣の持戒僧

ところで、叡尊とその弟子たちは、黒っぽい衣を着ていたため、黒衣方《こくえがた》と呼ばれました。そして、官僧が白衣方《びゃくえがた》と呼ばれるようになります。これは、衣の色の違いからですが、遁世僧は黒衣を着ていたことも特徴の一つだったのです。ようするに、ほかの鎌倉新仏教僧団の祖師と同様、叡尊らも遁世僧であったのです。

収入・身分ともに国に保証される安定した官僧身分を捨てて遁世することは、当初大変なことでした。裕福な出の僧侶はさておき、たとえば、食べるためには乞食《こつじき》をしなければならなかったのです。

叡尊らも乞食に出ています。後には社会に受け入れられ喜捨《きしゃ》がなされるようになり、教団として認められるようになりますが、彼らは壮絶な覚悟で遁世したのです。

こうして遁世した叡尊らは、官僧のままでは制約のあった、社会事業や、ハンセン病患者救済や葬送従事といった諸活動に従事できたといえます。

叡尊教団の発展

叡尊は、弟子たちを各地に派遣しました。たとえば、忍性は、建長四（一二五二）年に関東に下向し、同年一二月四日には常陸三村《ひたちみむら》（つくば市小田）にいたります。一〇年間ここに止まった後、鎌倉に移って極楽寺を拠点として、ハンセン病患者などの救済に邁進し、鎌倉幕府の要人も信者とし、叡尊教団の大発展の基礎を築いたのです。私は、こうした忍性を、鎌倉版のマザー・テレサと考えています。

とくに、叡尊教団発展の画期となった事柄として、弘長《こうちょう》二（一二六二）年二月四日から八月一五日までの叡尊の関東下向があります。おそらくは、忍性を通じて師叡尊の高名を聞いた北条実時《さねとき》らは、叡尊の鎌倉招聘《しょうへい》を企画し、それに執権《しっけん》北条時頼《ときより》も賛同したのでしょう。叡尊は、ほぼ半年余の間に、行く先々で授戒をしました。たとえば、二月一四日には尾張長母《ちょうぼ》寺《じ》で常住僧三三人と在家者一九七人に授戒しています。翌一五日には涅槃講《ねはんこう》（釈迦の死を悼み追慕する法会）と梵網布薩《ぼんもうふさつ》（『梵網経』下に説く五八戒の護持を反省する会）を行ない、結縁者《けちえんしゃ》は三〇七七人に及んだのです。このように叡尊の関東下向は東海道方面への叡尊教団の布教活動の一翼を担ったのです。

鎌倉には二月二七日に入り、ハンセン病患者から北条時頼にいたる人々に授戒などの布教をしたのです。とくに、ハンセン病患者などの病人が収容されていた「悲田院《ひでんいん》」に忍性と頼玄《らいげん》を遣わして、食事を与え、十善戒の授戒を行なっています。

なお、十善戒というのは、大乗小乗の諸経論で広く説かれている戒で、不殺生《ふせっしょう》・不偸盗《ふちゅうとう》・不邪淫《ふじゃいん》・不妄語《ふもうご》・不両舌《ふりょうぜつ》・不悪口《ふあっく》・不綺語《ふきご》・不貪欲《ふどんよく》・不瞋恚《ふしんに》・不邪見《ふじゃけん》、と護持しやすい戒でした。

以上のように、叡尊の半年余りの関東下向は大成功に終わり、ますます鎌倉幕府との結びつきを強めることになりました。その結果、永仁《えいにん》六(一二九八)年には西大寺以下三四ヶ寺が将軍家祈禱寺となるなど、律僧らは幕府の「官僧」化していくことになります。

このように、叡尊の関東下向は、その教団の展開、とくに鎌倉幕府との結びつきにおいて画期となったのです。

また、叡尊らは鎌倉幕府のみに公認されたわけではありません。朝廷からも崇敬を集めたのです。とりわけ、文永《ぶんえい》の役《えき》(一二七四年)・弘安《こうあん》の役(一二八一年)に際して、叡尊の祈禱が蒙古軍を退散させたとして、大いに名を高めました。

新義律宗

以上のような、叡尊・忍性らの律宗は遁世僧としての新しい活動であり、律学を研究する官僧の南都六宗の律宗とは大きく異なるので、私は「新義律宗《しんぎりつしゅう》」と呼んでいます。叡尊らは、西大寺《さいだいじ》・海竜王寺《かいりゅうおうじ》（ともに奈良市）・家原寺（堺市）・浄住寺《じょうじゅうじ》（京都市）・極楽寺（鎌倉市）などに独自の教団の僧寺戒壇を生み出しました。また、法華寺《ほっけじ》（奈良市）に尼戒壇《あまかいだん》を樹立したことは、次に詳しく述べます。

こうした叡尊教団は、その系統を引く教団が、現在においては優勢でないために、顧みられることが少なかったのです。しかし、叡尊の時代には信者数が一〇万を超え、末寺も一五〇〇ヶ寺と、鎌倉・南北朝時代を代表する教団の一つとなっていた点を大いに強調したいのです。

女性と成仏

比丘尼戒壇

先に述べましたが、女性の仏教信者には、在家者は優婆夷《うばい》、出家者には、沙弥尼《しゃみに》、式叉摩那《しきしゃまな》、比丘尼《びくに》の階層がありました。沙弥尼、式叉摩那は、雛尼《ひなに》です。比丘尼こそが、一人前の出家者なのですが、式叉摩那が二年間修行した後、尼戒壇での授戒を経て、比丘尼となれることになっていました。

女性と戒律との関係については、尼への授戒場である尼戒壇の問題は重要です。というのも、第一章で述べたように、東大寺戒壇、延暦寺戒壇といった古代の国立戒壇での授戒制からは、女性は排除されていたからです。藤原道長《ふじわらのみちなが》の娘彰子《しょうし》によって、法成寺《ほうじょうじ》に尼戒壇が作られたものの、法成寺尼戒壇は彰子のためのみの一時的なものであったと考えられていることは、すでに述べた通りです。

ところが、鎌倉時代になると、叡尊らの努力によって、奈良の法華寺が叡尊教団の律寺として再興され、法華寺には尼戒壇が樹立されたのです。そしてそれ以後、この戒壇で尼への授戒が行なわれるようになりました。それゆえ、法華寺尼戒壇の樹立は、日本仏教史上の快挙というべき、画期的な事柄でした。少し具体的にみておきましょう。

法華寺尼戒壇の成立

法華寺は、現在も奈良市法華寺町にある真言律宗の寺院です。奈良時代には日本の総国分尼寺とされたことで知られています。正式には、法華滅罪之寺《ほっけめつざいのてら》といいました。本尊は、開基《かいき》の光明皇后《こうみょうこうごう》をモデルとしたという十一面観音です。

法華寺の地にはもと藤原不比等《ふじわらのふひと》の邸宅があり、不比等の没後、娘の光明子《こうみょうし》、後の光明皇后がこれを相続して皇后宮としました。天平《てんぴょう》一七（七四五）年、皇后宮を寺としたのが法華寺の始まりです。ここが、大和国の国分尼寺、日本の総国分尼寺と位置づけられるのは、天平一九年頃からです。ようするに、光明皇后の屋敷が尼寺となり、官寺となっていたのですが、平安遷都以後は衰退していったようです。

叡尊は、寛元《かんげん》三（一二四五）年四月九日、法華寺で三人に沙弥尼戒を授けたのを皮切りに尼を生み出していきました。宝治《ほうじ》元（一二四七）年には、法華寺で、「比丘尼抄」を講じ、一二月二三日は、一一人に式叉尼戒を授けました。

嘉元《かげん》二（一三〇四）年成立という『法華滅罪寺縁起』では、「身命をすてて律法興行」した尼たちは、聖恵房慈善《しょうえぼうじぜん》など一六人となっていますが、叡尊の自伝『金剛仏子叡尊感身学正記《こんごうぶつしえいぞんかんじんがくしょうき》』（一二八六年二月成立、以下、『学正記』と略す）によれば、当初は一二人の尼であったようです。慈善らの多くは、元々宮中に仕えた女官たちでした。そしてついに、建長元（一二四九）年二月六日には、法華寺において、先の慈善ほか一二人に比丘尼戒を授けました。叡尊の自伝『学正記』には、ここに日本国如法の修行七衆がそろったと誇らしげに書いています。

「七衆《しちしゅう》」とは、第一章の表1に示した、比丘、比丘尼、式叉摩那、沙弥、沙弥尼、優婆塞、優婆夷という仏教信者の七階層のことですが、日本では最後に比丘尼が成立したのです。ただし、式叉摩那の期間は二年間と定まっていますが、彼女たちは二年未満で比丘尼戒を授けられています。家原寺での最初の比丘への授戒と同様、変則的な授戒であったことは否定できません。それでも、以後、この建長元年に受戒した比丘尼たちが核となって、鎌倉知《ち》足尼寺《そくにじ》、河内道明寺《かわちどうみようじ》、京都東林寺《とうりんじ》や光台寺《こうだいじ》などの尼寺が形成されていったのです。

このように法華寺尼戒壇の樹立によって、一人前の律尼が多数生み出されていきました。

ちなみに、最初の比丘尼のひとり、慈善は、叡尊教団下の法華寺初代長老となっています。

尼たちの受戒

ところで、尼の授戒制度に関して注意すべきことは、尼寺における受戒の後に、僧寺において受戒をするという二段階の受戒の必要があった点です。たとえば、法華寺の尼たちは、法華寺尼戒壇で尼の十師（三師七証）の前で受戒した後で、西大寺戒壇で僧の十師の前で受戒したのです。戒律用語で、式叉摩那は、尼戒壇で受戒すると本法位《ほんぽうい》となり、僧寺戒壇で受戒して初めて比丘尼となったのです。

弘安《こうあん》八（一二八五）年には、大和辰市《やまとたついち》の正法尼寺《しょうぼうにじ》の尼一二人が、法華寺で受戒した後、唐招提寺戒壇で受戒しています。

僧と同様、尼の受戒者にも、戒牒《かいちょう》という証明書が発給されました。中宮寺《ちゅうぐうじ》文書に、覚如《かくにょ》尼が文保《ぶんぽう》三（一三一九）年に某寺西金堂戒場で具足戒を受けた文書があるものの、断片を継ぎ合わせたものなので、戒牒の形式がはっきりしません。次の史料は、江戸時代の写しですが、戒牒の形式が窺えます。

法華寺《ほっけじ》
大姉老年長老高慶律師《だいしろうねんちょうろうりっし》
道明寺《どうみようじ》
大姉長栄律師
道明寺
大姉照円律師
道明寺
大姉長専律師
道明寺
大姉長円律師
道明寺
大姉長運律師
法華寺
大姉秀尊律師
道明寺

大姉照海律師
法華寺
大姉英信律師
道明寺
大姉照蓮律師
式叉尼《しきしゃに》秀尊稽首和南《けいしゅわなん》、大姉足□(下カ)
窃《ひそか》におもえらく、(中略)但《ただし》、秀尊、因《いん》を宿《やど》し、幸多《さちおお》く、法門《ほうもん》に遇《あ》うを得《え》、(中略)今、正徳《しょうとく》三年三月二十日を契《ちぎ》り、法花滅罪寺講堂戒場《ほっけめつざいじこうどうかいじょう》において、本法位《ほんぽうい》を歴《れき》し、西大寺戒《さいだいじかい》場《じょう》、具足戒《ぐそくかい》を受《う》く、伏《ふ》して願《ねが》はくば大姉《だいし》、慈悲《じひ》、抜済《ばっさい》したまへ、少識謹《しょうしきつつし》みて疏《そ》す
正徳三年三月廿日　　式叉尼秀尊謹みて疏す
和上尼《わじょうに》
伝燈大法師位高慶
戒壇堂達《かいだんどうたつ》
伝燈大法師位智秀

これによると、正徳三（一七一三）年三月二〇日に、式叉尼の秀尊が法華寺尼戒壇で、尼の三師七証の前で受戒して本法位となり、さらに西大寺（僧寺）の戒壇で具足戒を受戒して比丘尼になったことがわかります。さらに、この二段階の受戒が同じ日に行なわれたこともわかります。尼の十師の名前が戒牒に記され、僧の戒師の記名はありません。ほかの記録などと併せて推測すると、僧寺戒壇でも尼、僧ともにそれぞれ十師が出席して授戒したようですが、戒牒の形式上、僧の戒師は記名されないようです。

戒牒は、受ける側が準備し、戒師の名前や誓約文をあらかじめ記したものを提出しました。戒師が許可の印を直筆で付けて、初めて有効となったのです。この史料は許可される前の戒牒の写しなので、ここには何の印も付いていませんが、実際の戒牒には、「訃《ふ》」（参加したという意味）などが見られたと推測されます。

尼への伝法灌頂

戒の問題とは少しずれますが、叡尊らは尼たちへの正式受戒の道を開いただけではありません。尼への伝法灌頂《でんぽうかんじょう》という、密教における奥義を極めたことを示す儀礼も尼に認め、一人前の密教尼を生み出していったのです。もちろん、その数は男性に比較すれば少ないのですが、密教修行者にとって決定的に重要なこの儀礼はこれまで女性を排除していたため、少数といえども尼に認めたことは重要です。

当時、女性は、「五障《ごしょう》」を有する存在と考えられていました。つまり、どんなに精進しても、仏《ほとけ》、転輪聖王《てんりんじょうおう》、帝釈天《たいしゃくてん》、魔王《まおう》、梵天《ぼんてん》の五つの地位に就けない、ようするに仏になれない存在とされてきたのです。それゆえ、死に際して、男となって成仏するという転女成仏説《てんにょじょうぶつせつ》が一般的であったのです。

叡尊らも女人五障説に立っていましたが、伝法灌頂を受ける女性は五障が消える、と考えていたことも注目されます。

また、ハーバード大学美術館所蔵の「聖徳太子像」（南無太子像）は正応《しょうおう》五（一二九二）年に制作され、叡尊教団の京都嵯峨光台寺《こうだいじ》に収められたと考えられます。その像内には光台寺長老尼真浄《しんじょう》らの願文が納められていました。それらの願文では、尼らの即身成仏が祈願されています。それゆえ、おそらく、叡尊教団の尼たちは、当初はともかく後には転女成仏説を超えようとし、即身成仏を目指していたと考えられます。

ちなみに、日蓮は、女人五障説の立場ではなく、女人成仏を説きました。南無妙法蓮華経を唱えれば女身そのままで成仏できるとしたのです。鎌倉新仏教は女性救済の面でも大きな前進を遂げましたが、祖師たちのほとんどが女人五障説を前提に女性の救済を考えていたこととは対照的です。

また、尼寺といえば、京都の景愛寺《けいあいじ》、鎌倉の東慶寺《とうけいじ》といった禅宗の尼寺がよく知られています。これも、禅宗が真剣に女性救済を考えていたことを示していますし、たとえば、道元は、出家して座禅修行をすれば女性でも成仏できると説きました。

以上のように、叡尊らも、法華寺尼戒壇を樹立して尼たちに正式に授戒し、また尼への伝法灌頂を行なって、女性の成仏の道も開いていったのです。

戒律の復興を人々に広める

殺生禁断

叡尊・忍性らの戒律復興運動は、たんに僧侶自身が戒律を護持するにとどまらず、社会に対しても戒律護持を求める運動でもありました。その最たるものの一つに、殺生禁断《せつしようきんだん》運動があります。一定の領域を限って、その領域内の殺生を禁止させるものです。

『四分律』の比丘の不殺生戒は、殺人を波羅夷罪《はらいざい》として、懺悔しても許されない僧団追放の重罪としていることは、冒頭で述べた通りですが、懺悔して許されるものの、人以外の動物などを殺すことも禁じています。たとえば、不殺畜生戒《ふせつちくしょうかい》がその一つです。また、次のような不掘地戒《ふくつちかい》もあります。

もし比丘が、自ら手を使って地を掘り、人を教えて掘らせば、波逸提《はいつだい》である。

この戒は、地面を掘ることは地中の生き物を殺す結果になるとして、僧侶に禁止したものです。人に命じての作事も禁止していました。波逸提というのは、罪の種類を表わし、ここでは四人以下の僧の前で懺悔しなければならない罪でした。それゆえに、僧侶は、農業や土木事業を行なうにも、憚りがあったのです。

さらに、叡尊らが重視した『梵網経』の菩薩戒では、より厳しい規定になっています。

仏がおっしゃるには、仏子よ、自ら殺し、人に教えて殺させしめ、殺すことを賛嘆し、殺人を行なうのを見て随喜し、あるいは、呪詛して殺すならば、殺の因、殺の縁、殺の法、殺の業がある。一切の命あるものは、故意に殺してはならない。菩薩は、まさに常住の慈悲心・孝順心を起こし、一切の衆生を救護すべきである。しかるに、自ら心を恣《ほしいまま》にし、楽しんで殺生をなすならば、これ菩薩の波羅夷罪である。

右は『梵網経』の第一重戒ですが、ここに不殺生戒が挙げられ、人のみならず故意に一切の生き物を殺すことは、波羅夷罪として厳しく禁じています。

また、『梵網経』の第一〇軽戒には

なんじ仏子よ、一切の刀杖《とうじょう》・弓箭《きゅうじょう》・鉾斧《むふ》・闘戦《とうせん》の具を蓄えてはいけない。および、悪網羅・殺生の器、一切を蓄えてはいけない。（後略）

とあり、一切の殺生の道具の保有が禁止されています。

また、左のような『梵網経』の第二〇軽戒には、輪廻転生の間は何に生まれ変わったとしても不思議はないし、世界を構成する地水火風《ちすいかふう》は自分自身であるので、そこに生きるすべて

ます。の生物を殺すべきではないとして、放生《ほうじょう》（捕まえた魚や鳥などを逃がしてやること）を勧めてい

なんじ仏子よ、慈心の故に、放生をしなさい。一切の男は、わが父、一切の女人はわが母である。我、生生に、これによって生を受けないことはない。ゆえに六道の衆生は皆わが父母であり、それゆえに、殺して食べることは、すなわち父母を殺し、また、わが身をも殺すことである。一切の地・水は、わが先身であり、一切の火・風はこれわが本体である。故に常に放生を行ない、生生に生をうくる常住の法にしたがって、人を教えて放生させなさい。もし世人の、畜生を殺すのを見た時は、まさに、なんとかして救護し、その苦難を解き、常に教化して菩薩戒を講説し、衆生を救いなさい。（後略）

『梵網経』は、慈悲・利他を菩薩比丘の心髄としたので、殺生を禁じ、その道具の保有を禁止し、生き物を放つことを勧めているのです。こうした戒を社会的にも、護持させようとすると、殺生を職業とする人々に対しても、殺生を禁止する運動が起こることになりました。叡尊の事蹟目録である「思円上人度人行法結夏記《しえんしょうにんどにんぎょうほうけちげき》」によれば、一三六五ヶ所で、殺生禁断

を認めさせています。この殺生禁断というのは、領域を限って、その内での狩猟や漁労などを禁止することですが、この場合は、領主が罰文を添えた誓状を叡尊に提出することが、仏教的な作善行為の一環としてなされたのです。

これほど、広範囲に、かつ多数の地域で殺生禁断が社会的に認められたこと自体、戒律復興への社会的な期待の表われといえます。ここでは、叡尊が行なった殺生禁断活動の中でも代表的な、宇治における殺生禁断の例を挙げておきましょう。

宇治の十三重層塔

京都府宇治市の宇治川に架かる宇治橋は、古代においては日本三大橋の一つに数えられるほどの橋でした。また、『平家物語』では、平家打倒を掲げて兵を挙げた源頼政《みなもとのよりまさ》と追討軍との橋合戦の場としても知られます。もっとも、現在では、宇治といえば宇治茶の方が有名です。

京阪宇治駅を降りて、宇治橋を右手に見ながら川沿いに歩いてゆくと、すぐに橋寺放生院《はしでらほうしょういん》という寺があります。放生院は橋寺という名の通り宇治橋を守る寺、管理維持する寺でした。その門前を通って少し行くと、川の中州（宇治公園）に巨大な十三重層塔が見えてきます。

この石塔は、五丈（一五メートル）を超える日本最大の石層塔で、叡尊によって建立されたものです。石層塔には、銘文があって、叡尊が、宇治橋の建造を記念するとともに、宇治川での殺生禁断活動の祈念碑として建設されたことがわかります。

叡尊は、弘安四（一二八一）年四月二〇日に、平等院の僧たちの要請を受けて宇治を訪れました。二一日には、橋寺で堂供養を行ない、二四日には三室戸寺《みむろどでら》で八二人に授戒と塔供養を行ない、二五日には平等院丈六堂で八〇四人に授戒し、放生会を行なったのです。

叡尊の自伝『学正記』によると、その放生会では、網三〇、筌《うえ》一五を焼き、生きた鯉三〇疋を放ったといいます。網や筌は、漁具の類《たぐい》ですから、それらを焼くことで、殺生禁断の決意を示したのでしょう。

この平等院での行事に際して、平等院の僧たちから叡尊に対して、古代の元興寺《がんごうじ》僧道登《どうと》・道昭《どうしょう》による架橋と東大寺僧観理《かんり》・通慶《つうきょう》の修造の例にならって宇治橋の修造を求められましたが、その時は「できない」と答えたようです。

しかし、叡尊は、これを機に宇治橋の修造と宇治川での殺生禁断活動を思い立ったようで、以後、亀山上皇ほかに誓願を行なっていったようです。そして、弘安七年正月二一日には、亀山上皇から、宇治川での網代《あじろ》（魚をとる装置）の停止を認められると、同時に、宇治橋の建造にもとりかかり、弘安九年一一月一九日に、宇治橋落成記念の式典が、後深草、亀山両上皇の臨席のもとで行なわれたのです。

こうして、宇治川での殺生禁断と宇治橋架橋という叡尊の願いは達成されました。そして、宇治川において漁業で生計を立てていた人々のために、その代替として曝布業《ばくふ》（布を晒《さら》す仕事）を教えたといいます。

それゆえ、ほかの殺生禁断の地域においても、殺生に代わる仕事を与えたと考えられます。しかし、鎌倉時代、由比ヶ浜《ゆいがはま》（神奈川県鎌倉市）の殺生禁断では、漁師に対して漁業を認める代わりに叡尊教団への寄付を求めた例もあります。これは、先の延暦寺が酒屋を統制していたことと同様、寄付という作善によって不殺生戒を犯したことを償えるとしたのでしょう。

叡尊教団の場合は、その寄付を全国の慈善事業に役立てましたが、新たな税負担と批判されたことも確かです。不殺生戒を厳粛に守ることは、漁業や狩猟などを職業としていた人たちにとって大変なことでした。

叡尊らの頃は戒律復興に期待をかけて従ったものの、世は戦乱の時代に入り、不殺生戒は現実離れしていったようです。以後、しだいに、儀式としての放生会にとどまっていきます。

忍性の社会事業

ところで、叡尊の弟子の忍性（一二一七―一三〇三）は、鎌倉のハンセン病患者の救済で名を馳せただけではありません。『性公大徳譜《しょうこうだいとくふ》』という忍性の伝記によれば、忍性の人生は次のように総括されています（訳文）。

草創した伽藍は八十三所、百五十四の御堂を供養、結界した寺院は七十九、建立した塔婆は二十基で、二十五基の塔婆を供養、書写させた一切経は十四蔵あり、地蔵菩薩を図絵して男女に与えた数は千三百五十五、中国からもたらした律三大部が百八十六セット、戒本を摺写して僧尼に与えた数が三千三百六十巻、馬衣並びに白布を非人（ハンセン病患者ら）に合計三万三千領与え、水田百八十町を寺院など三十二箇所に寄進、架橋百八十九所、道を造った所が七十一所、三十三所に井戸を掘り、六十三所で殺生禁断を行ない、浴室・病屋・非人所を五所作り辛苦を休めた。

以上の忍性の事蹟のうち、渡した橋が一八九ヶ所、道を造った所が七一ヶ所、三三ヶ所に井戸を掘ったなどは、大いに注目されます。

行基の活動をモデルとして、架橋、道路整備、池や井戸を掘るなどの社会土木事業を積極的に行なったのは、叡尊教団全体にいえることですが、この行為は、先に述べたように、戒律を犯すものです。戒律は、僧侶の土木事業を禁止し、人に命じての土木事業も禁止していました。それゆえ、破戒行為ともいえますが、おそらく、叡尊教団は、慈悲のために破戒を恐れず、懺悔しながら、利他行に邁進していたのでしょう。たとえ自分は成仏できなくとも、他者のためになる破戒ならやむを得ない、と絶えず菩薩行に徹していたと思われます。

叡尊教団の戒律観

しかし、やはり戒律というと僧侶の活動を制約するものと考えられがちです。そこで、律僧たちが、戒律をどう考えていたのかみてみましょう。その際、次の「円明寺縁起《えんみようじえんぎ》」に基づく史料（意訳）は大いに参考になります（拙著、法藏館、一九九八、一一二頁）。

覚乗《かくじよう》は、叡尊の弟子（孫弟子か）の一人で、叡尊が伊勢興正寺（廃寺、現在の伊勢市楠部に所在した）で受けた伊勢神宮の神のお告げによって円明寺（廃寺、現在の三重県津市に所在した）に住むことになったといいます。

ある日、覚乗は、円明寺から伊勢神宮へ百日間参拝する誓いを立てたのですが、結願の日になって、旅人の死者に出会い、葬送の導師を勤めることになりました。葬送の後、宮川の畔で、一老翁が「あなたは今、葬送を行ない、死穢に汚染されているのに、神宮に参拝しようとするのは、どういうことですか」と咎めました。それに対して、覚乗は次のように答えたのです。「清浄の戒は汚染しないのです。それなのに、円明寺に帰れというのですか」。そうした問答が終わらないうちに、白衣の童子が、どこからともなく現われ、「円明寺から来るものは穢れていない」と言って影のように消えた、といいます。

東大寺などの官僧の場合、葬送に関与したものは、死穢に汚染されたとして、神事などに携わるためには三〇日間謹慎する必要があったことは先に述べました。

ところが、この史料によれば、律僧である覚乗の場合は、「清浄の戒は汚染なし」という論理により、死穢を恐れず、厳しい禁忌を求められる伊勢神宮にすら参詣したのです。彼らは、律僧として厳格に戒律を守る生活を行なっていたので、それがバリアーとなって、穢れから守られている、と考えていたことがわかります。戒律を守っている者は、社会的な救済活動を阻害されない、と考えていたのです。先に挙げた史料では、そうした主張を伊勢神宮の神も認めたことになっています。

もっとも、『発心集』、『沙石集』といった説話集には、神社に参詣しようとした僧侶が、参詣の途中で若い女に母親の葬送をたのまれ、葬送を引き受けた後で参詣しようとし、御神体が現われて賞賛される、という類型の説話があります。それゆえ、覚乗の話も、その一つのバリエーションともいえますが、決定的に重要な点は、覚乗個人の穢れが無とされただけではなく、「円明寺から来るもの」といった具合に、いわば叡尊教団の僧侶集団が穢れていないとされている点です。

すなわち、叡尊教団の律僧たち全体が、「清浄の戒は汚染なし」という論理によって、穢れのタブーから自由であったことを示している点が重要です。さらに、説話などに、そうした類型がみられたことこそ、神仏習合の時代において、僧侶が葬送に従事しながら、死穢の謹慎期間を守らずに神社に参詣することはタブーであったことを逆に示すものといえます。

「清浄の戒は汚染なし」、いわば、律僧たちは、官僧たちが囚われていた死穢というタブーを乗り越え、それを操作する画期的な論理を打ち立てていたのです。また、これは、死穢以外の非人救済など、穢れに関わる恐れがあると考えられた活動に、律僧たちが教団として従事していくための論理でもあったのです。

叡尊教団で、その活動に従事したのが、斎戒衆《さいかいしゅう》です。教団はこの集団に、金融や葬送の実務を担わせました。斎戒衆というのは、先述した八斎戒を護持する俗人の集団のことです。彼らは俗人とはいえ、八斎戒を護持しました。いわば、俗人と僧衆との中間的存在といえますが、雛僧たる沙弥が守るべき戒の不蓄金銀宝戒《ふちくこんごんほうかい》を護持しないので、金銀をいつも扱えた点が重要だったのでしょう。

布薩を共有した中世律僧

建武《けんむ》元（一三三四）年八月、京都二条河原に立てられた落書き、いわゆる「二条河原落書」には、当時、都（平安京）に流行《はや》ったものの一つとして、追従《ついしょう》、讒人《ざんにん》と並んで、禅僧と律僧が挙げられています。

建武元年八月といえば、後醍醐天皇による建武新政が発足してほぼ一年がたった頃で、この落書は、建武政権の実態と矛盾を剔《えぐ》りだしていますが、官僧身分から離脱した律僧が権力とより結びつき、新たな「官僧」となっていたことが風刺されています。

貞慶の戒律復興運動を経て、覚盛や叡尊・忍性らの努力によって大きく羽ばたいた律僧たちは、官僧身分からの逸脱を通じて、官僧の制約から自由となり、持戒のパワーによって、逆に、公武両政権から注目を集める存在となっていきました。そして、権力と結びついていったのです。

たとえば、後醍醐天皇の倒幕計画の成功を祈禱して、建武の新政権においては後醍醐天皇の側近になった小野文観《おののもんかん》（一二七八―一三五七）もそのひとりです。評価は分かれるところですが、そのほか多くの律僧が政治に関わって活躍していたのです。

当時の律僧たちは、奈良西大寺、唐招提寺、京都泉涌寺という大きく三つの拠点寺院があり、西大寺系は叡尊の弟子たちが、唐招提寺系は覚盛の弟子たちが、泉涌寺系は俊芿の弟子たちが、発展させていきました。しかし、当時の律僧たちは、律僧としての一体感を共有していた点は注目されます。それは、中世唐招提寺の復興が、西大寺叡尊の協力によって行なわれたことにもよるのですが、近くに住む律僧たちが、布薩を共同で行なっていたことによるようです。

繰り返しになりますが、布薩行事は、僧侶たちが、結界された聖なる場で、半月ごとに集まって、過去半月の行為を反省し、罪あるものは告白懺悔する会のことです。僧侶は必ず参加しなければなりませんでした。しかし、日本では古代に行なわれていたようですが、いつからか忘れられていきました。

その布薩行事を、暦仁《りやくにん》元（一二三八）年一〇月二九日に叡尊が復活させたことは、すでに述べました。これを機に、法華寺や石清水《いわしみず》八幡宮などでも、布薩という儀礼を律僧が共有し合うようになりました。これが、人間関係のネットワークが形成されるきっかけとなっていたようです。

たとえば、金沢称名寺《しょうみょうじ》の初代長老審海《しんかい》は、唐招提寺系の律僧でしたが、彼を推薦したのは西大寺末寺極楽寺長老の忍性です。また、永仁《えいにん》六（一二九八）年、西大寺以下三四ヶ寺が関東祈禱所《かんとうきとうしょ》に指定されましたが、その中には、唐招提寺など西大寺末寺以外の律宗系も入っていました。それらは、忍性が一括して推薦した寺々のようで、律宗の系列を超えた横のつながりが窺えるのです。

のちに、律宗教団の展開に従い、たとえば西大寺流、唐招提寺流といった具合に、系列、つまり派閥が形成されていき、戒壇での授戒なども独自に行なうようになっていきましたが、忍性の行動などは、それとは対照的です。

しかし、人間はとかく派閥を作るもので、忍性以後の律僧もその例にもれず、系列によって律宗寺院の人事がなされ、いわば律僧集団も閉鎖的になっていったようです。

延暦寺系の戒律復興と親鸞

興円・恵鎮の戒律「復興」

これまで取り上げた戒律「復興」運動は、東大寺戒壇での授戒のありように対する改革運動から出発した事例でした。他方、延暦寺戒壇系でも戒律「復興」運動が起こり、新たな教団が樹立されました。その中心人物は、興円《こうえん》(一二六二—一三一七)と恵鎮《えちん》(一二八一—一三五八)です。

興円・恵鎮らの戒律「復興」運動は、覚盛・叡尊らの南都系の戒律「復興」運動を意識して行なわれました。つまり、形としては延暦寺の受戒と同じく、『梵網経』下巻に説く五八戒を授けるものでしたが、最澄が始めた菩薩戒の意味を問い直し、破戒の現状の中で再び菩薩戒に従った僧の生活をし、興法利生《こうぼうりしょう》の実践を行なうことを誓うものでした。

そのためには、官僧には穢れ忌避などの制約があったので、官僧から離脱して遁世する必要があり、新しい教団を打ち立てることになります。

興円は、弘長《こうちょう》三（一二六三）年に陸奥国（越州とも）で生まれました。一五歳で寺に入り、一七歳で得度受戒しました。二六歳の時に京へのぼり、とくに延暦寺の黒谷で戒律を学んだのです。その間、延暦寺戒壇での国家的授戒は続いていても、戒律護持がなされていない点を歎き、最澄に帰ろうという思いが募ったようです。

嘉元《かげん》三（一三〇五）年一〇月には黒谷で一二年籠山《ろうざん》行を開始しました。その際、恵鎮もそれに加わったといいます。ここに、興円らによる戒律「復興」運動が始まりました。籠山中、延暦寺東塔内の神蔵寺《じんぞうじ》に移り、布薩などを行なっているうちに、弟子も集まってきたといいます。しかし、籠山満期後、一年もたたない文保《ぶんぽう》元（一三一七）年四月二六日に死去してしまいました。

興円の跡を継ぎ大発展させたのが恵鎮です。恵鎮は、弘安《こうあん》四（一二八一）年閏七月一四日に近江（滋賀県）浅井郡今西庄に生まれました。

一五歳であった永仁《えいにん》三（一二九五）年二月七日に延暦寺西塔院《さいとういん》道超《どうちょう》の坊に入室し、同一一月七日に出家し、同八日の恒例授戒で受戒して伊予房道政《いよのぼうどうせい》という官僧となりました。しかし、嘉元二（一三〇四）年七月には遁世して、先の通り、嘉元三年には興円に従いました。籠山終了後は、京都法勝寺《ほっしょうじ》を中心に、戒律「復興」活動を行なっています。

たとえば、法勝寺の勧進《かんじん》や東大寺の大勧進です。勧進とは、社寺の建立や修繕などのために寄付や技術者集団を募ることで、その責任者を指す場合もあります。恵鎮は、北条高時《ほうじょうたかとき》の怨霊鎮魂のために、鎌倉の高時邸跡に宝戒寺《ほうかいじ》を建てる許可を後醍醐《ごだいご》天皇から得、関東にも教団を伸ばしていきました。彼はまた、後醍醐、後伏見《ごふしみ》、花園《はなぞの》、光厳《こうごん》、光明《こうみょう》五代の天皇に戒師として授戒したので五代国師《ごだいこくし》と呼ばれています。さらに、原『太平記』の作者と考えられていて、原『太平記』は、興円・恵鎮らの宗教活動の副産物と考えられているのです。

繰り返す破戒と持戒

以上、古代・中世を中心に戒律に注目して日本仏教のありようを見てきました。鑑真による国家的授戒制の樹立以来、戒律は新たな社会的意義を獲得しました。つまり、一人前の官僧を生み出し、さらに、受戒後の年数（戒臈）が官僧集団の序列編成原理の重要な要素となったことです。その結果、東大寺・観世音寺・延暦寺戒壇での授戒制は、中世においても機能し続けました。

しかし、そのことは個々の僧侶たちが、戒律を護持したことを意味してはいません。それゆえ、破戒と持戒のはざまで、度々、戒律「復興」運動が起こっています。とくに、日本中世の戒律復興運動は、主として東大寺戒壇と延暦寺戒壇という国立戒壇の周辺で起こり、叡尊教団などの戒律を核とする新たな教団を生み出していきました。仏弟子として、釈迦の定めたという戒律を護持せずして仏教者とはいえない、という釈迦への回帰をめざす運動を契機に、新たな仏教革新運動が起こったのです。

平安後期から末法思想が流行し、社会不安が高まっていました。その中で、釈迦に帰れという戒律復興の運動に社会が期待を寄せ、鎌倉時代に多くの人々が叡尊教団の信者になっていったのです。もう一方で、阿弥陀信仰や法華信仰、禅に期待を寄せる人々もいました。次に親鸞に注目してみましょう。

戒律復興運動と対極にあった親鸞

戒律復興運動の対極に位置する存在として親鸞が注目されます。親鸞は、非僧・非俗（僧でもなく、俗人でもない）の自覚をもって、無戒名字《むかいみょうじ》（戒律も守らず名ばかり）の比丘であるこ

「安城御影（親鸞聖人影像）」京都・本願寺蔵

とを主張したからです。いわば、現代の戒律軽視の流れは、親鸞に始まるといえるのです。そこで、親鸞の戒律観についてもみておきましょう。

親鸞（一一七三―一二六二）は、藤原氏の一族日《ひ》野《の》有範《ありのり》の子として、承安《じょうあん》三（一一七三）年に生まれました。京都の中級貴族出身といえます。九歳の時に出家し、比叡山延暦寺の官僧となり、延暦寺では、常行堂《じょうぎょうどう》などで、阿弥陀仏の周囲を回りながら、美しい節《ふし》を付けた念仏を詠唱する堂僧をしていたといいます。

しかし、これまでの分析で明らかなように、当時の延暦寺の官僧たちの間では、女犯《にょぼん》や童子たちとの男色《なんしょく》が一般的でした。九歳で入寺した親鸞も、男色の環境を免れなかったと思われます。

延暦寺の腐敗を目の当たりにしたからでしょうか、親鸞は、二九歳の時に、比叡山を下り、悟りを求めて六角堂《ろっかくどう》（京都市中京区）に参籠《さんろう》しました。参籠九五日目に、聖徳太子の夢告を受け、それを契機に東山吉水《ひがしやまよしみず》の法然《ほうねん》のもとへ参ることを決意したのです。この時に得た夢告が女犯を許可するものであったとして有名です。

すなわち、「行者宿報設女犯、我成玉女身被犯、一生之間能荘厳、臨終引導生極楽」という女犯偈《にょぼんげ》です。「修行者が、たとえ宿世《すくせ》の報いによって女犯するとしても、私（救世観音菩薩《ぐぜかんのんぼさつ》）は玉女《ぎょくにょ》の身となって犯《ほん》せられ、一生の間よく添いとげて、臨終には極楽に往生させよう」というものでした。つまり、妻帯し、在俗生活のまま極楽浄土往生を願う姿こそ、末世の世における仏者の姿であるという確信を得たのです。

それ以後、遁世した親鸞は、法然のもとで修行を積んでいたのですが、承元《じょうげん》元（一二〇七）年二月に専修念仏《せんじゅねんぶつ》（往生のためには念仏のみを行なえばよいとする立場）が弾圧を受け、親鸞は越後（新潟県）に配流されてしまいます。建暦元（一二一一）年には許されますが、その後、妻恵信尼《えしんに》を連れて常陸国《ひたち》（茨城県）に移住し、そこで二〇年間東国教化に努めつつ、親鸞独自の思想を深めました。貞永《じょうえい》元（一二三二）年頃には京都に帰り、弘長二（一二六二）年九〇歳で没するまで、『教行信証《きょうぎょうしんしょう》』などの著作の完成に励んだようです。

「無戒名字の比丘」の時代

さて、親鸞は、『教行信証』の「化身土巻《けしんどのまき》」において、金のない時に銀が尊重されるように、末法の現在においては、「無戒名字の比丘」が尊重されると主張しています。当時は、親鸞のそうした主張がなされるほど、破戒の僧が横行していたのです。

親鸞は、たとえば、『大集経《だいじっきょう》』を引用して、釈迦の死後、五百年間は正法が継承され維持されるけれど、滅後五百年以降の像法《ぞうほう》時代には世の中が乱れるとして、百年ごとに仏教教団が乱れゆく状態を描いています。

とくに、「仏滅後千年を過ぎると世の中は大いに乱れ、千百年後には仏教者は結婚するなど戒律を破る。千二百年ではもろもろの僧・尼らは子供を有する。千三百年では、袈裟《けさ》が変じて白くなる。千四百年では、僧も尼も男女の信者も皆猟師のように獲物をあさるようになり、世俗の遊びに興じて三宝物（仏・法・僧に寄付された宝物）をも売るようになる。千五百年では、仏教がかつて栄えた狗賧弥国《くせんみこく》ですら、二人の僧が殺し合いをする」と。

そうして、末法時代に入ります。末法時代には「仏法」は教えとしては残るのですが戒《かい》・定《じょう》・慧《え》を護持する者はいなくなるので、この世は戒律を守ることもなく「無戒名字の比丘」のみとなります。けれども、「無戒名字の比丘」であっても、仏法に結縁《けちえん》させる者なので尊重される、というのです。

親鸞は、『正像末和讃《しょうぞうまつわさん》』のなかでも、「無戒名字の比丘なれど、末法濁世《じょくせ》の世となりて、舎《しゃ》利《り》弗《ほつ》・目連《もくれん》にひとしくて、供養恭敬《くようくぎょう》をすすめしむ」と詠んでいます。すなわち、末法においては、無戒名字の比丘であっても、仏の十大弟子の舎利弗・目連と同等の価値を有し、人々に仏を供養し、仏を恭敬することを勧める、と述べています。そこには、強烈な末法意識と、無戒の現状認識が窺われます。

破戒と末法思想

末法思想は、仏教における時代区分思想です。正法《しょうぼう》〈法《ほう》・行《ぎょう》・証《しょう》の三つがある時代〉、像《ぞう》法《ほう》〈法・行の二つがある〉、末法《まっぽう》〈法のみ〉の三時説より出る言葉です。日本では正法千年（『大集経』では五百年）、像法千年、末法一万年説がはやり、平安時代末期の一〇五二年より末法に入ったと考えられていました。

こうした末法意識や無戒の認識は、やはり、自己が修行生活を送った延暦寺での破戒状況に基づくと考えられます。兵法をことをとする僧兵の存在、多くの真弟子の存在に見られる女犯の流行、そして、男色の一般化、がその背景にあったのでしょう。

親鸞には、実際に、二人ないし三人の妻がいたと考えられていますが、親鸞の新しさは、妻帯したことにあるのではなく、公然と妻帯し、無戒を主張した点にあるのです。

他方、叡尊らは、破戒の一般化の中で戒律護持を勧め、戒律「復興」に邁進したのです。親鸞と叡尊のベクトルは正反対の方向を指していましたが、破戒の現状認識と、悩める人々の救済という点では共通していたといえます。

第四章　近世以後の戒律復興

国教化された仏教

徳川家康《とくがわいえやす》（一五四二―一六一六）は、慶長《けいちょう》五（一六〇〇）年九月、関ヶ原の戦いで勝利し、慶長八年二月には征夷大将軍に任じられました。ここに江戸時代の幕が開かれたのです。

この江戸幕府の成立は、政治史上においてきわめて画期的な事柄でしたが、仏教世界にも決定的な影響を与えました。すなわち、江戸時代の仏教は、宗門改《しゅうもんあらた》め制度、檀家《だんか》制度によって、ひとまず国教化し、仏教者は、いわば戸籍管理の役割を担い、江戸幕府の「官僧」化したのです。

こうした江戸時代の仏教者については、檀家制度などの諸制度にあぐらをかいて、葬式を主な仕事とする葬式仏教と化し、民衆を顧みず、堕落してしまったと、一昔前までは考えられてきました。

しかし現在では、近世にようやく全国の村々に鎌倉新仏教系の寺や堂が作られたのみならず、檀家制度によって、民衆が寺に檀家として登録され、国民のすべてが建て前として仏教徒となるなど、中世に生まれた鎌倉新仏教が全面展開する時代と捉えられるようになっています。

初期の寺院統制政策

さて、徳川家康は、中世において武士勢力を脅かす権力であった寺院勢力をも、自己の支配下に置く政策を実施に移しました。すなわち、寺院諸法度《じいんしょはっと》の発布です。

寺院諸法度は、慶長六年五月の「高野山寺中法度条々《こうやさんじちゅうはっとじょうじょう》」を皮切りに、元和《げんな》元（一六一五）年七月にかけて有力寺院に発布されました。

それらの内容は、各寺、各宗派によって異なっていますが、寺院の有していた守護不入権《しゅごふにゅうけん》（治外法権）を否定し、教学中心の場と位置づけています。そして、由緒ある寺院には学問ある僧侶が住持すべきであり、僧侶は学問に励み、仏教を興隆すべし、と規定したのです。

これらは、当然といえば当然と思える内容ですが、延暦寺、興福寺、高野山などには僧兵が多数いましたので、そうした僧侶の武装を解除し、仏道修行に励むように仕向け、幕府の支配下に置こうという狙いでした。

また、「真言宗諸法度《しんごんしゅうしょはっと》」のように宗派単位で本寺《ほんじ》と末寺《まつじ》の関係を緊密にさせようとする意図も窺えます。さらに、宗派別に触頭《ふれがしら》を置き、大本山から末寺までを統轄させました。

こうした江戸幕府の政策によって、現在にも繋がる真言宗、浄土宗、日蓮宗といった宗派が再編・整備され、ひとまず確立したのです。叡尊《えいぞん》らの系譜を引く教団は、奈良西大寺《さいだいじ》を本寺とし、真言宗と律宗を兼ねる真言律宗《しんごんりっしゅう》という教団として位置づけられました。

近世の指導者、明忍

ところで、叡尊や忍性の死後も教団の勢いは衰えませんでした。すでに述べましたが、とくに、鎌倉時代後期から室町時代初期においては、禅宗とともに律宗が幕府に保護されたこともあり、社会に定着していきました。

けれども、権力との結びつきによって「官僧」化が起こり、教団の拡大は形式だけの体制を生み、戒律復興運動としての役割を果たさなくなっていきました。戒律を守り抜くことは困難で、志の強い師の後は、再び戒律の形式化が起きていたのです。

しかし戦国時代以後にも、その破戒と持戒のはざまの中で、新たな戒律復興運動が起こっていきました。その嚆矢《こうし》といえるのは、明忍《みょうにん》（一五七六―一六一〇）です。明忍、恵雲《えうん》、友尊《ゆうそん》、晋海《しんかい》、玉円《ぎょくえん》は、慶長七（一六〇二）年に栂尾高山寺《とがのおこうざんじ》（京都市）で自誓受戒《じせいじゅかい》し、戒律復興運動を開始しました。鎌倉期の覚盛《かくじょう》や叡尊ら四人による、自誓受戒をモデルとした活動でした。

明忍は、字《あざな》を俊正《しゅんしょう》といい、俗姓中原氏の出といいます。官吏の一族の出で、若い時から出家の志があったのですが叶わず、ようやく慶長四年、二四歳の時に京都高雄山《たかおさん》で出家しました。翌年、四度《しど》加行《けぎょう》を終えています。四度加行というのは、密教僧が伝法灌頂《でんぽうかんじょう》を受ける前に、一定期間行なわねばならないとされる四種の修法のことです。

しかし、明忍は持戒について悩んだといいます。そこで、奈良の春日社に参詣したところ、そこで恵雲に会い、意気投合して、戒律の本拠であった西大寺を訪ねました。

そこで、西大寺の友尊から、叡尊らが戒律「復興」のために、自誓受戒を行なったことを知り、その方式で、慶長七年に晋海、玉円を加えて五人で栂尾高山寺において自誓受戒し、戒律「復興」運動を開始したのです。

注目されるのは、当時、西大寺ですら持戒がなされていないと認識された点です。明忍らは、栂尾に平等心院《びょうどうしんいん》（西明寺《さいみょうじ》）を興し、戒律「復興」の拠点としました。さらに、明忍は、慶長一一年には中国に渡って別受《べつじゅ》を相承《そうじょう》しようとしましたが、果たせず、病に倒れ、慶長一五年に対馬で客死しました。

その後、恵雲は西明寺を中心に活動し、弟子の慈忍《じにん》は野中寺《やちゅうじ》（大阪府羽曳野市《はびきの》）を興しました。明忍の弟子賢俊《けんしゅん》は神鳳寺《じんぽうじ》（廃寺、現在の大阪府堺市に所在した）を興したのです。以後、西明寺・神鳳寺・野中寺は、律の三僧坊と呼ばれ、西大寺系の律を学ぶ者の中心となりました。こうして西大寺系の律は再び大いに振るうことになったのです。

こうした明忍らの南都系の戒律復興運動に刺激を受けて、延暦寺系でも慈山妙立《じさんみょうりつ》（一六三七―九〇）を祖として、延暦寺飯室谷安楽院《いいむろだにあんらくいん》を中心に、大乗戒のみならず小乗戒も兼受すべきとする安楽律《あんらくりつ》の運動などが起こっています。また、霊潭《れいたん》（一六七六―一七三四）を祖とし、念仏と戒の一致を説く浄土律《じょうどりつ》など、浄土宗の方でも戒律復興運動が起こりました。

慈雲飲光の正法律

ところで、近世の戒律復興運動において、いま一つ注目すべきことに、慈雲飲光《じうんおんこう》（一七一八―一八〇四）の正法律《しょうぼうりつ》の興隆があります。慈雲の活動は、明治の仏教界にも大きな影響を与えたので少し詳しくみておきましょう。

慈雲は、享保《きょうほう》三（一七一八）年七月に大坂で生まれました。九歳で文字を学び、一二歳で儒者から朱子学《しゅしがく》の講釈を聞いたといいます。

しかし、一三歳で父を失うとその年に、父の遺言や母の命に従って摂津住吉の法楽寺《ほうらくじ》に入り、忍綱貞紀《にんこうていき》の許で出家しました。一五歳で忍綱について受経学習し、四度加行を修し、十八道《じゅうはちどう》を修めました。また、忍綱に梵字悉曇《ぼんじしったん》（サンスクリット学）を教わったことは注目されます。

一九歳の時には、大和に遊学し、河内野中寺で沙弥戒を授けられ、二年後、野中寺において通受受戒しました。すなわち、慈雲も、先述の律の三僧坊に繋がる人であったのです。

慈雲が戒律「復興」運動を始めたのは、河内長栄寺《ちょうえいじ》（東大阪市）に入ってからのことです。延享《えんきょう》三（一七四六）年七月一五日、長栄寺戒壇で初めて、具足戒を別受方式で授けました。寛延《かんえん》二（一七四九）年七月、『根本僧制《こんぽんそうせい》』を定め、同志に示して初めて正法律《しょうぼうりつ》と号し、戒律に関する諸般を規定しました。

京洛の人々は、その徳望を慕い、明和《めいわ》八（一七七一）年に西京阿弥陀寺《あみだじ》を購入して、慈雲を招きました。彼はそれに応じて居を同寺に移し、安永二《あんえい》（一七七三）年には恭礼門院《きょうれいもんいん》、開明門院《かいめいもんいん》に、同三年には後桃園《ごももぞの》天皇に、十善戒相《じゅうぜんかいそう》を授けました。また、『十善法語』を著し、多くの尼を得度させました。

同じく安永二年には、高貴寺《こうきじ》（大阪府南河内郡河南町）が慈雲に任されたので、翌三年に移住しました。天明《てんめい》六（一七八六）年五月に幕府に高貴寺僧坊を認可され、正法律の本山としました。

天明四年には長福寺《ちょうふくじ》、三年後には水薬師寺《みずやくしじ》等の尼僧坊を建立し、阿弥陀寺を正法律弘通《ぐつう》の中心道場として、出家在家の教化に努めたのです。

京都・大坂を訪問しては法を説き、高貴寺・長栄寺等に安居《あんご》して、講演したり、授戒を行なうなどしました。大和郡山城主柳沢保光《やなぎさわやすみつ》も深く慈雲に帰依《きえ》しています。

そのほか多くの帰依者を得、文化《ぶんか》元（一八〇四）年一二月二二日、阿弥陀寺で寂《じゃく》しました。八七歳でした。

慈雲は、釈迦の生きていた時代の仏法すなわち正法の時代に帰ろうとし、経典に説かれた戒律を厳格に守ろうとしました。僧侶には別受を行なう一方で、他方、戒律と道徳の一致を説いて、俗人には十善戒を授けました。

前にも触れましたが、十善戒では飲酒を禁じておらず、また邪《よこしま》な淫行のみを禁じたものなので、現実的で受け入れやすい内容でした。

また、釈迦の直説、すなわち正法を漢訳仏典からではなく、サンスクリット原典から知ろうとし、悉曇を研究し、『梵学津梁《ぼんがくしんりょう》』一千巻を著しました。慈雲の正法律は、真言律の枠にとどまるものではなく、仏教全体に通じる性格を有し、十善戒は、現世に生きる人々に倫理規範を与えました。そのために、明治の諸宗派の戒律復興運動に大きな影響を与えたのです。

幕府下の僧侶

以上のように、江戸時代においても、めざましい戒律「復興」運動が起こっていきました。その背景には、次のこともあったと考えられます。

江戸時代の僧侶たちは、寺檀制度・宗門人別帳制度によって、江戸幕府の戸籍管理の役割などを担わされ、いわば幕府の「官僧」と位置づけられて、保護される一方で、俗人との違いを戒律護持などに求められたことが挙げられるのです。

破戒がかなり一般的であったにせよ、建て前としては、僧侶たちは、不淫などは許されず、妻帯していることが表沙汰になれば、不淫戒を犯した（女犯）として「遠島《えんとう》」などの厳しい処分が待っていたのです。

徳川吉宗の命で編纂された『公事方御定書《くじかたおさだめがき》』（寛保《かんぽう》二〈一七四二〉年に一応完成し、宝暦《ほうれき》四〈一七五四〉年に法文が最終的に確定した）によれば、女犯の刑は以下のように規定されています。

寺持ちの僧（一寺の住職）の場合は、遠島（八丈島が多い）に処されました。所化僧《しょけそう》（修行僧）の場合は、一段軽く、日本橋の晒し場で三日間晒されたのち、身柄を触頭《ふれがしら》（各宗の監督寺院）に渡されて、それぞれの寺法によって処罰されました。

実際、山田桂翁《やまだけいおう》『宝暦現来集《ほうれきげんらいしゅう》』巻四によれば、幕府が吉原などの遊廓を一斉捜索して、宿泊して朝帰りの僧侶を検挙し、僧侶六七名が三日間、日本橋に晒されたといいます。しかも、ほぼすべての宗派（浄土宗、日蓮宗、臨済宗、曹洞宗など）の僧侶が逮捕されていたのです。

普通、僧籍を奪われて追放になりますが、その際「傘一本」といって傘一本だけ所持を許されて裸で追い出されたり、裸で犬のように走らされて寺を追われました。

姦通《かんつう》の場合は、寺持ちの僧、所化僧の区別なく獄門（斬首の上で、首をみせしめのために牢の門に晒すこと）に処されました。それゆえ、浄土真宗の僧侶を別とすれば、妻帯していた僧侶たちは自己の妻帯を隠して暮らしていたのです。そうした僧侶の妻は「梵妻《ぼんさい》」とか「大《だい》黒《こく》」と呼ばれました。

明治の僧侶たち

そうした僧侶たちにとって、明治時代に入ると様相は一変することとなります。明治五（一八七二）年四月二五日付けで、「太政官布告《だじょうかんふこく》」第一三三号が出されました。それには、「今より僧侶の肉食・妻帯・蓄髪《ちくはつ》は勝手たるべき事、但し法要の他は人民一般の服を着用しても苦しからず」という僧侶の「肉食・妻帯・蓄髪」を容認する法令が出されたのです。

それは、前年に寺請制度の廃止令が出され、僧侶の「官僧」化の廃止に伴う政策であったのです。明治政府は、神道を重視しようと考えていたため、仏教の権威を失わせることが重要で、この法令にその役割を担わせようとした面もあったのです。

肉食・妻帯は隠然と広く行なわれていたので、この太政官布告は一般の僧侶に受け入れられていきました。しかし、この太政官布告に対しては、明治一〇年九月、浄土宗の僧である福田行誡《ふくだぎょうかい》（?―一八八八）が、それによる仏教界の放埓《ほうらつ》ぶりを憂い、その布告の撤回を明治政府に求めたように、戒律護持を求める運動が起こりました。そのため、明治五年の「太政官布告」発令以後、直ちに僧侶の妻帯が公然と一般化したわけではなかったのです。

とくに、明治初期の廃仏状況に対し危機感を抱いた福田らの僧侶によって、戒律復興運動は高揚しましたが、そのモデルとなったのが先述した慈雲の正法律の運動でした。慈雲の正法律は、宗派を超えて僧侶たちの破戒状況を正す機能を有していましたし、十善戒は、現世の問題から逃避的で近代化にそぐわないと批判された仏教に、現世的な倫理を提供すると考えられたからです。

ですが、そうした運動にもかかわらず、明治三〇年代（一八九七—一九〇六）になると、僧侶の妻帯は真宗以外にもしだいに公然と行なわれていきました。そして、僧侶の妻帯は、日本仏教の特徴の一つとなったのです。その後、現代にいたるまで、持戒のめだった動きはないようです。

おわりに

ユダヤ教の戒律は、ミツヴァーといわれますが、それは、神が「するな」と命じる禁止命令と神が「せよ」と命じる当為命令に二分されます。そのうち、禁止命令は三六五あり、当為命令は二四八です。これらの数値には意味があり、禁止命令は毎日の行ないに関わるから一年三六五日に当たる三六五戒であり、当為命令は、人間の体を動かすことになるから、人体の骨肉の数に当たる二四八戒だというのです。

このユダヤ教の戒律に端的に示されているように、戒律は信仰者たちの「身体論」と密接に関わっているのです。いわば、信仰者にとって、戒律は、毎日の一挙手一投足を規制していたといえます。とすれば、戒律を通して、その戒律を奉じる人々の、社会や文化の「身体論」を理解する手がかりとなるはずです。

それゆえ、本書では、釈迦の定めた仏教僧団の規定である戒律に注目して、日本仏教の「身体論」を論じてみました。『四分律』によれば、一人前の僧侶は二五〇、尼は三四八もの戒律を護持することを求められています。ようするに、戒律は僧侶たちの立居振舞いを規定するものでしたから、朝起きてから寝るまで、僧侶たちは戒律に則った身体生活を送ることを理想としていたのです。

しかし、それを護持することは大変困難で、とくに、不淫の戒は守られにくく、現在の日本仏教では、妻帯は容認され、事実上、無戒に近い状況にあります。けれども、過去の僧侶たちは、現在のタイ、ミャンマー、スリランカなどの僧たちと同様に、破戒と持戒のはざまで苦悩しながら、成仏をめざして生きてきたのです。それゆえ、日本仏教を歴史的に、宗教史的に理解するためには、戒律に注目した僧侶集団の「身体論」は不可欠なのです。

また、仏教は、中世以降、日本社会に定着していきました。ですから、戒律は、個々の僧侶や僧侶集団のみならず、日本社会の「身体論」を理解するうえでも重要な意味を有するようになっていったのです。とくに、戒律を重要視した禅・律宗が鎌倉幕府や公家政権に公認されていったために、酒の販売の禁止、殺生禁断といった戒律に基づく政策が実施されるなど、戒律は、社会の「身体」を規制するほどであったのです。こうしたことからも、戒律研究の重要性は明らかと考えます。

ところで、私の研究の狙いは、鎌倉時代に澎湃《ほうはい》と起こった、いわゆる鎌倉新仏教とは何かを明らかにすることにあります。とくに、本書では、末法思想に立ちつつ、無戒を主張し妻帯を行なった親鸞とは対照的に、釈迦へ帰れと主張して戒律を重視した律僧に注目してみました。研究を始めた頃、史料を見ていて、叡尊・忍性らの、戒律へのこだわりに違和感を覚えたものです。なぜ、戒律護持にこだわるのか。他方、親鸞に対しては、あまりに激しく「無戒」を主張しているようで、これまた違和感を感じました。

しかし、東大寺宗性《そうしょう》ほかに注目して、官僧（公務員的僧侶）たちの間で、男色が、上級僧のみならず、中・下級僧にまで蔓延し、一般化していたことを知ると、持戒の主張の激しさも、無戒の主張の切なさも、理解できるようになりました。いうなれば、官僧社会の男色関係の存在を前提に、鎌倉新仏教の活動が生まれた背景も理解すべきなのでしょう。

なお、本書では、鎌倉新仏教成立の背景として、破戒と持戒にスポットをあてて論じましたが、これは成立の背景の一つにすぎません。より重要な背景としては、日本全国に生まれた都市的な場と、そこで暮らし、「個」の悩みを持った人々の出現があると考えています。この点については別著（拙著、『鎌倉新仏教の成立』）で論じました。

以上、戒律を通じて日本仏教史を概観してみました。戒律軽視は日本仏教の特徴の一つとされますが、これまで述べてきたように、浄土真宗を別とすれば、それは明治五年以後のきわめて新しい事柄であったのです。千五百年近くに及ぶ長い日本仏教の歴史において、そのほとんどの期間は、僧侶たるもの、戒律護持が理想とされていたといえます。

それは、戒律が戒《かい》・定《じょう》・慧《え》の三学の一つとして、仏教の基盤であったからだけではなかったのです。重要なことは、鑑真《がんじん》による国家的な授戒制の樹立によって、戒律護持を誓う儀礼である授戒には、僧侶集団の序列秩序原理の一つである戒臈《かいろう》を生み出す機能が付与されたからでもあるのです。それゆえ、中世においてすら東大寺・観世音寺・延暦寺では国家的授戒制度が機能し続けました。その結果、国立戒壇の周辺で、戒律復興運動が起こっていったのです。とくに、仏・菩薩から直接、戒律を授けられる自誓受戒という形式をとって画期的な戒律復興運動が起こったのです。

ところで、タイやスリランカなどを訪問しますと、日本の仏教者の評判は芳しくありません。その最大の理由は、僧侶の妻帯にあるのです。仏弟子として、釈迦の定めた戒律を護持しない僧侶は、僧侶にあらず、というのです。

日本の植民地時代に、僧侶の妻帯が一般化した韓国においては、一九五〇年代に妻帯反対運動が起こり、戒律復興がなされました。それによって、現在では妻帯を否定する宗派が多数派になり、妻帯容認派の僧侶集団は少数派になっています。すなわち、韓国の事例とはいえ、現代においても戒律復興運動は可能と考えられます。学者にすぎない私がいうべき立場にはないのですが、現在の日本仏教にも戒律復興が必要と思われるのです。すべての宗派がそうあるべきだというのではなく、少なくとも律宗を標榜する宗派は戒律復興に真剣に取り組むべき時期に来ているのではないでしょうか。

さまざまな欲望を断って（断とうとして）利他行に邁進する僧の生きざまは、新たな生きるモデルを生むのではないでしょうか。いわば、白いものが黒いものを背景にして、くっきりと浮かび上がるように、そうした僧の生きざまは、我々俗人に己の生き方を見直させる存在となるでしょう。

現在は、種々のボランティア活動が求められています。また、ストレスフルな現代社会は幼児から高齢者まで精神的に追い込み、さまざまな悩みを抱えた人が多く、助けの手が求められています。その際、不《ふ》淫戒《いんかい》、不《ふ》飲酒戒《おんじゅかい》、不《ふ》蓄金銀宝戒《ちくこんごんほうかい》などを厳守することで、社会奉仕活動に邁進できると考えます。

もちろん、既婚者で子供がいても、すぐれた活動をしている方は多いのですが、己を捨て、私財や時間すべてをなげうって活動できるのは、独り身のしがらみがない方々ではないでしょうか。救い手のひとりとして、禁欲を理想に掲げ、利他行に邁進した、鎌倉時代の忍性のような律僧が求められているのかもしれません。

参考文献

赤松俊秀『親鸞』吉川弘文館、一九六一
赤松俊秀監修『泉涌寺史 本文篇』法藏館、一九八四
阿部泰郎『湯屋の皇后』名古屋大学出版会、一九九八
安藤更生『鑑真』吉川弘文館、一九八九
池田英俊『明治の新仏教運動』吉川弘文館、一九七六
石田瑞麿『日本思想大系6 源信』岩波書店、一九七〇
石田瑞麿『梵網経 下』大蔵出版、一九七一
石田瑞麿『日本仏教史』岩波書店、一九八四
石田瑞麿『日本仏教思想研究 第一巻 戒律の研究 上』法藏館、一九八六
石田瑞麿『女犯 聖の性』筑摩書房、二〇〇九
泉谷康夫『興福寺』吉川弘文館、一九九七
市川裕「一神教と〈戒〉——ユダヤ教的特徴」松尾剛次編『思想の身体 戒の巻』春秋社、二〇〇六
伊藤清郎『中世日本の国家と寺社』高志書院、二〇〇〇

稲城信子ほか『平成13―15年度科学研究費補助金研究成果報告書 日本における戒律伝播の研究』元興寺文化財研究所、二〇〇四
岩田準一『本朝男色考――男色文献書志』原書房、二〇〇二
宇治市歴史資料館編『宇治橋』宇治市歴史資料館、一九九五
海野弘『ホモセクシャルの世界史』文藝春秋、二〇〇五
追塩千尋『中世の南都仏教』吉川弘文館、一九九五
追塩千尋『中世南都の僧侶と寺院』吉川弘文館、二〇〇六
大久保良峻『伝教大師 最澄』法藏館、二〇二一
大塚実忠「法華滅罪寺中興 聖恵房慈善」『日本仏教』二八号、一九六八
岡野浩二「奈良・平安時代の出家」『王朝の権力と表象』森話社、一九九八
勝浦令子『古代・中世の女性と仏教』山川出版社、二〇〇三
苅米一志『荘園社会における宗教構造』校倉書房、二〇〇四
草野顕之編『信の念仏者親鸞』吉川弘文館、二〇〇四
工藤敬一『中世古文書を読み解く』吉川弘文館、二〇〇〇
黒田日出男「「女」か「稚児」か」『増補 姿としぐさの中世史――絵図と絵巻の風景から』平凡社、二〇〇二
国立歴史民俗博物館編『中世寺院の姿とくらし』山川出版社、二〇〇四

小松茂美編『続日本絵巻大成 春日権現験記絵 上・下』中央公論社、一九八二
五味文彦『院政期社会の研究』山川出版社、一九八四
五味文彦『『春日験記絵』と中世』淡交社、一九九八
小山聡子「寺院社会における僧侶と稚児」『二松學舍大學論集』五〇、二〇〇七
今東光「稚児」『今東光代表作選集 第五巻』読売新聞社、一九七三
佐藤進一・百瀬今朝雄・笠松宏至編『中世法制史料集』岩波書店、二〇〇五
佐藤弘夫『霊場の思想』吉川弘文館、二〇〇三
佐藤密雄『律蔵』大蔵出版、一九七二
色井秀譲『戒灌頂の入門的研究』東方出版、一九八九
島崎藤村『破戒』新潮社、一九五四
真宗聖教全書編纂所編『真宗聖教全書 第二巻』大八木興文堂、一九四一
末木文美士『思想としての仏教入門』トランスビュー、二〇〇六
鈴木則子「江戸前期の男色・恋愛・結婚」奈良女子大学生活文化学研究会編『ジェンダーで問い直す暮らしと文化』敬文舎、二〇一九
大本山随心院『仁海』大本山随心院、二〇〇五
高松世津子「自誓受戒の好相行・好相をめぐる考察——近世期・真言律系を中心に」『日本宗教文化史研究』二三—二、二〇一九

田上太秀『仏教と性差別』東京書籍、一九九二
多川俊映『貞慶「愚迷発心集」を読む』春秋社、二〇〇四
武光誠監修『日本男色物語――奈良時代の貴族から明治の文豪まで』カンゼン、二〇一五
田中貴子『性愛の日本中世』筑摩書房、二〇〇四
丹尾安典『男色の景色』新潮社、二〇〇八
丹野顕『江戸の色ごと仕置帳』集英社、二〇〇三
沈仁慈『慈雲の正法思想』インド学仏教学叢書編集委員会、二〇〇三
辻晶子『児灌頂の研究――犯と聖性』法藏館、二〇二一
辻善之助『日本仏教史 中世篇之五』岩波書店、一九七〇
土谷恵『中世寺院の社会と芸能』吉川弘文館、二〇〇一
徳江元正『室町芸能史論攷』三弥井書店、一九八四
中村生雄「肉食妻帯問題（3）」『寺門興隆』興山舎、二〇〇三
永村真『中世寺院史料論』吉川弘文館、二〇〇〇
野間清六「『春日権現験記絵』の概観」『新修日本絵巻物全集16 春日権現験記絵』角川書店、一九七八
橋本治『ひらがな日本美術史2』新潮社、一九九七
平岡定海『東大寺宗性上人之研究並史料 上』臨川書店、一九五八
平岡定海『東大寺宗性上人之研究並史料 中』臨川書店、一九五九

平岡定海『東大寺宗性上人之研究並史料 下』臨川書店、一九六〇
平松隆円「日本仏教における僧と稚児の男色」『日本研究』三四、二〇〇七
細川涼一『中世の律宗寺院と民衆』吉川弘文館、一九八七
細川涼一『女の中世』日本エディタースクール出版部、一九八九
細川涼一『逸脱の日本中世』JICC出版局、一九九三
細川涼一『中世寺院の風景』新曜社、一九九七
松尾剛次『勧進と破戒の中世史』吉川弘文館、一九九五
松尾剛次『中世の都市と非人』法藏館、一九九八
松尾剛次『新版 鎌倉新仏教の成立』吉川弘文館、一九九八
松尾剛次『太平記』中央公論新社、二〇〇一
松尾剛次『「お坊さん」の日本史』日本放送出版協会、二〇〇二
松尾剛次『忍性』ミネルヴァ書房、二〇〇四
松尾剛次編『持戒の聖者 叡尊・忍性』吉川弘文館、二〇〇四
松尾剛次『鎌倉古寺を歩く』吉川弘文館、二〇〇五
松尾剛次編『思想の身体 戒の巻』春秋社、二〇〇六
松尾剛次『日本仏教史入門』平凡社、二〇〇二
Kenji Matsuo, "Nuns and Convents in the Eison Order and the Provenance of the Sedgwick Shōtoku Taishi

Sculpture at the Harvard Art Museums", *The Eastern Buddhist* vol.2, No. 1, 2022
松岡心平「稚児と天皇制」『へるめす』六、一九八六
松岡心平『宴の身体』岩波書店、二〇〇四
松岡久人編『南北朝遺文 中国・四国編 第三巻』東京堂出版、一九九〇
松原國師『図説ホモセクシャルの世界史』作品社、二〇一五
三浦雅士『身体の零度』講談社、一九九四
蓑輪顕量『中世初期南都戒律復興の研究』法藏館、一九九九
村井章介『東アジアのなかの日本文化』放送大学教育振興会、二〇〇五
森章司編『戒律の世界』溪水社、一九九三
山折哲雄・末木文美士編『仏教新発見23 西大寺』朝日新聞社、二〇〇七
山口昌志「槙尾平等心王院明忍律師に関する基礎的研究」『放送大学日本史学論叢』四、二〇一七

あとがき

ようやく本書の執筆も最終コーナーに入った。僧侶の男色を扱うという衝撃的な内容であるため、ともすれば、際物的な受けをねらった本と誤解されるかもしれない。が、本書を読んでいただければわかるように、学術的でありながらもわかりやすく、戒律に注目しつつ僧侶の「身体」を論じてみた。

僧侶と戒律との関係は重要で、僧侶集団内における古代末以来の破戒の現状こそは、一方において、親鸞の無戒への動きを生み、他方において、叡尊《えいぞん》などの戒律復興運動を生んだともいえる。中世の官僧世界において「男色は文化だった」、とも述べたが、それは現代の価値観から糾弾されるべきことではないと考えている。

戒律は重要であるにもかかわらず、僧侶の妻帯が普通の日本仏教においては、戒律に対する関心、評価が低かった。そのため、戒律や律宗関係の研究、とくに一般向けの本はほとんどなかった。私も大いに苦労した一人である。近年、ようやく戒律研究の重要性が認知され、

『思想の身体 戒の巻』（春秋社、二〇〇六）といった戒律関係のわかりやすい概説書も出版されるにいたった。本書は、さらに一般向けに、戒律と日本仏教史を見直してみた。戒律研究、ひいては仏教史研究に役立てば幸いである。

ところで、本書でメイン史料として使った宗性《そうしょう》の男色関係の史料は、山形大学人文学部平成一六年度卒業生渡辺智弘君の卒論指導の過程で知るにいたった。渡辺君は、僧侶の破戒、とくに不飲酒戒《ふおんじゅかい》の破戒を調べていたので、一緒に宗性の史料を読むうちに、この史料の存在に気づいたのである。勤務校の山形大学の学生は概してまじめ、かつ優秀で、いつも刺激を与えてくれるが、渡辺君もそうした学生の一人で、大いに感謝の意を表したい。

本書は、二年半前に脱稿したが、扱った内容が内容だけに、その後、推敲に推敲を重ねて、ようやく刊行するにいたった。刊行にあたっては、平凡社新書編集部の福田祐介さんに大変お世話になった。最後に、卒寿を迎えて頑張っている長崎に暮らす父と、黄泉の国で、私をそっと見守ってくれている母に、本書を捧げたいと思う。

平成二十年十月五日、山形大学の研究室にて

松尾剛次

平凡社ライブラリー版 あとがき

本書は、二〇〇八年に平凡社新書の一冊として刊行された拙著『破戒と男色の仏教史』の増補・改訂版です。前著が出版されて、早いもので一六年目になりました。その間に社会も大いに変化しましたが、とりわけ、LGBTQ+の問題のように、性差の境界が非常に低くなってきたことは確かです。また、男性による男性に対する性加害事件も大きな注目を集めるようになっています。

本書で扱った宗教者による男色などの話も、きわものとしてではなく、宗教を理解するうえで大いに議論されるようになってきました。とりわけ、欧米でのカトリック神父による男児に対する性加害問題や神父同士の男色関係などがクローズアップされています。そうした宗教者による児童への性加害問題は、本書で述べたように決してキリスト教の神父だけの問題ではなく、我が日本仏教においても当てはまる事柄だったのです。その意味で、『破戒と男色の仏教史』と題する本書が、歴史ある平凡社ライブラリーの一冊として再刊されるのは、きわめてタイムリーといえるかもしれません。

本書は、日本仏教史を戒律に注目して見直すことを主眼としています。八世紀後半の鑑真の来朝以降、僧侶は僧団規則としての戒律護持を誓って一人前の僧（尼）となりました。戒律には、自慰を含む一切の性行為を禁止する不淫戒、酒を飲まない不飲酒戒など、そもそも護持するのが困難な規定があります。通常、戒律は、破戒したことを懺悔し反省すれば許されるのですが、女性（男性）との性交といった不淫戒の破戒は、僧団追放という重い罰が科されました。しかし、本書で述べたように、不淫戒などの護持は大変困難で、破戒が一般化していったのです。それゆえ、日本仏教史は、持戒と破戒の狭間で揺れ動く僧侶の葛藤の歴史でもありました。

法然、親鸞、栄西、道元、日蓮、一遍、貞慶、明恵、叡尊ら鎌倉仏教の祖師たちは比叡山延暦寺や興福寺、醍醐寺といった、本書で扱った男色文化の花開いた官寺で修行をした官僧経験者であり、当時の破戒状況を身をもって体験していたはずです。

当然、破戒が顕著になると、戒律復興運動がしばしば起こったのです。その帰結が、現在の妻帯を公認する仏教界ということになります。

それにしても、前近代において生き仏（生きている仏）として人々から尊敬された僧には、二つのタイプが存在したことがわかります。戒律を護持しつつ、ハンセン病患者の救済などに邁進した鎌倉極楽寺忍性のような持戒の僧と、大峯修行などの苦行により、神通力を獲得し、男色などに溺れた一乗寺増誉のような僧です。現在では、忍性タイプこそ生き仏の典型と考えられるのですが、当時は男色（女犯）などは問題にもされず、神通力を持っていることこそが重要であったのでしょう。

本書は、僧侶集団における女犯や男色の問題に注目しましたが、こうした事柄は、けっして僧侶集団に限られたものではなかったのです。ある意味、それは俗世間の反映であり、貴族、武士において、男色などが一般化していたがゆえに、僧侶集団においても、そうしたことが、いわば文化として存在したと考えられます。

貴族、武士における男色文化の存在についてはよく知られていますが、最後に町衆について触れておきます。

たとえば江戸時代の町衆の戸籍台帳と言える「宗旨改巻《しゅうしあらためまき》」（大阪府立中之島図書館所蔵「道修町三丁目文書」所収）には、その前書に三ヶ条の御法度が書かれ、町衆はその遵守を誓ったのです。その三ヶ条には、「キリシタン宗門ではない事」などが書かれています。とりわけ、注目されるのは、三条目の「傾城町外之遊女事」（遊郭外に遊女を置いてはいけない）という規定の隣に、少し小さく恥ずかしそうに書かれた付則規定です。それには、「若衆を抱え置き、遊女同前ニ売り候事」と書かれています。すなわち、男色相手をする若衆を抱え置くことが禁止されています。そうした禁制の存在からも、江戸時代の大坂の町衆間における男色文化の存在が窺われます。

以上、男色の問題などは僧侶集団だけの特殊な問題ではなかったことを述べて、平凡社ライブラリー版のあとがきに代えます。

松尾剛次

令和五年五月二五日、山形の自宅にて

解説──「文化」として読む中世寺院の性

末木文美士

女性活躍社会と言いながら、世界経済フォーラムが二〇二三年に発表した日本のジェンダー・ギャップ指数は世界で一二五位に低迷している。男性優位社会が変わらない中で、セクハラは相変わらず跡を絶たない。大騒ぎして、ようやくLGBT理解増進法が成立したものの、かえって国論が二分され、シスジェンダー（非トランスジェンダー）の主張が声高になった。それとともに、大手芸能プロの亡き創業者による男性タレントに対するセクハラがスキャンダルとなっている。ジェンダーとセクシュアリティの問題は次第に複雑さを増しているようだ。だからこそ、歴史をさかのぼって縺《もつ》れた糸をほぐしていくことが必要不可欠となる。

江戸時代の春画の、精密でありながら大らかな性の表現は、二〇一三年の大英博物館での展覧で世界的に高い評価を受けた。男女の性愛だけではない。同性愛もまた、特に背徳意識を持つことなしに、ふつうに行なわれていた。『東海道中膝栗毛』の弥次さんと喜多さんの珍道中は子供でも知っているが、十返舎一九《じっぺんしゃいっく》の原作では、二人がもともと同性愛の関係にあったことは、意外と知られていない。もっと古い時代では、本書にも取り上げられている奇才藤原頼長の同性愛はよく知られている。将軍義満と能の完成者世阿弥の関係も周知の通りである。

*

それでは、戒律の厳しい仏教界ではどうであったか、というのが、本書の課題である。もっとも日本の仏教では戒律が厳しいというのはタテマエだけで、じつは抜け道だらけだったことは、誰でも知っている。石田瑞麿『女犯——聖の性』(ちくま学芸文庫、二〇〇九)は、詳細に僧の女犯《にょぼん》の跡を追っている。

そこで、本書『増補 破戒と男色の仏教史』であるが、著者松尾剛次氏は日本の戒律の歴史を専門としている。とりわけ中世の叡尊教団の活動を中心に、日本の仏教史を見直すことをライフワークとしている。本書も、一方で中世の仏教界の女犯や男色の実状を掘り起こしながらも、後半の章ではそれと対比しながら、中世の戒律復興へと話を進め、叡尊教団の活動に焦点を当てている。

中世の仏教というと、法然、親鸞、道元、日蓮などの名前が誰の頭にも浮かぶ。それに対して、叡尊教団といっても、なかなかぴんとこない。今日でも叡尊の流れは真言律宗という名で、奈良の西大寺を本山に活動しているが、残念ながらそれほど勢力が大きいとは言えない。しかし、一三世紀後半から一四世紀にかけて、全国的にもっとも勢力を伸ばして活発だったのが、叡尊系の律宗教団だった。

なぜ、彼らがそれほど大きな力になりえたのであろうか。本書には、比丘尼《びくに》戒壇を作って女性にも門戸を開いたこと、殺生禁断を人々に教えたこと、被差別者やハンセン病患者の救済に努めたり、橋や道路の建造を推し進めるなどの社会活動に力を発揮したことなどが挙げられている。

けれども、じつを言うとこのような社会活動は、もともとの仏教の戒律からすると、いささか疑問が持たれるところである。本来、出家者は世俗を離れてひたすら修行に励んで悟りを開くことを目指さなければならなかった。彼らの生活を支えるのは在家の信者たちの仕事で、そのことによって信者たちは福徳を積み、来世には条件のよいところに生まれて、出家修行を目指すのである。タイなどの仏教国では、こうした出家者と在家者の二重構造が定着して、安定した社会構造を作ってきた。もっとも二〇世紀になってからは、仏教界も大きな政治的、社会的変動の波を受け、社会参加仏教や中国の人間仏教など、積極的に世俗的な問題と関わろうとしている。この点では、日本の律宗の方が一歩進んでいたとも言えよう。

それでは、どうして律僧たちが進んで社会的な活動に関わることができたのであろうか。著者は「清浄の戒は汚染しない」という律僧覚乗の言葉を取り上げている（本書一七二頁）。清浄な戒のパワーがあるから、死の穢《けが》れによっても汚染されることがない。そのため、葬式にも積極的に関与することができるというのである。戒は単なる生活規律ではない。戒は呪的なパワーを持っている。それだから、戒を守っていれば、世俗的なことに関わっても、それによって穢されることがないのである。

じつはこの論理は、禅や念仏にも通用する。禅の実践は、単にその心を安定させ、悟りに近づけるというだけでなく、禅定力《ぜんじょうりき》ともいうべき超能力を身に付けることであり、それによって悪霊退治などの力を発揮して、人々を救うことができるようになる。念仏の力も同じで、各地に豊作祈願の念仏行事が遺っているのも、その故である。

叡尊系の律宗は、鎌倉時代後期から南北朝期を頂点に、その後次第に衰退する。おそらく彼らが得意とした社会事業を各地域の世俗的な支配者たちが行なうようになり、律僧たちの役割を奪っていったのが一因ではないか、というのが私の推測である。近世の戒律復興は中世と少し性質が異なり、戒律が社会道徳の模範となっていくように思われる。例えば、慈雲は十善戒の運動を起こし、在家の人たちにも簡易な戒を守るように説いている。このように、戒律の性格も時代によって異なっている。

*

ここで、本書の書名ともなっている「破戒と男色」の問題に戻って、もう少し考えてみよう。「破戒」の意味は幅広く、とりわけ異性との性的な交渉（女犯）を指す場合が多いが、同性愛ももちろん含まれる。さらには飲酒などもそうである。本書では第二章で、さまざまな破戒の姿を取り上げているが、とりわけ僧の男色の例を数多く挙げて、絵画史料も用いて説明しているので、分かりやすいであろう。宗性の「男を犯すこと百人」までは自ら許容する（本書七三頁）というのは有名な話だが、どうしたらそれほどできるのだろうか。その精力絶倫あればこそ、膨大な著作を遺すだけの大仕事ができたのかもしれない。

著者は、このような男色が「官僧の文化」（本書九五頁）であったと指摘している。官僧というのは、もともと国家に護持された大寺院に身分を有する僧であるが、中世にはそのような大寺院は膨大な荘園を有する政治経済上の一大勢力に成長していた。そこでは男性ばかりが巨大な集団を形成して共同生活をするので、女性を連れ込むことは困難であった。そこで、自ずから同性愛が発展することになる。とりわけ一人前の僧となる前の稚児への愛は、今日であれば明らかに未成年者への性的虐待ということになるが、教育的な意味合いも含めて、まさしく「文化」として継承されることになった。それに対して、女犯は寺院から忍んで通うか、ある程度独立した住環境があってはじめて成り立つものであった。

かつてはこのような「破戒」は僧の堕落として糾弾されたり、いかがわしい話として興味本位に語られるのが常であった。しかし今日では、松尾氏の研究も先蹤《せんしょう》となって、中世の性的言説を単なるいかがわしい裏話で終わらせるのではなく、まさしく「文化」として見直そうという研究が盛んになってきている。

男女の性的交渉を積極的に説く言説は、かつては「立川流《たちかわりゅう》」と呼ばれて怪しげな邪教・邪説として排撃されてきた。しかし、近年の研究では、「立川流」という流派と性的言説を直ちに結びつけるのは不適切であると考えられている。「立川流」が異端として排撃されるのは一四世紀になってからであり、一三世紀にはいくつかの密教の流派において性的な言説が認められ、必ずしも異端視されていない。

もともと性的な問題への関心は、松尾氏も指摘するように、身体論という観点に由来するもので、院政期には五蔵曼荼羅として身体の五蔵（五臓。心臓・肺臓・肝臓・腎臓・脾臓）を観想する観法が発展した。その展開上に、男女の性的交渉が取り上げられ、「赤白二渧《しゃくびゃくにたい》」の合一から胎児が形成される過程まで取り上げられるようになった。

これは胎内五位説と言われ、母胎内で胎児が成長して誕生するまでを段階的に論ずる胎生学的な理論である。もともとは『倶舎論《くしゃろん》』などの仏教論書にも見られるが、そこでは煩悩によって苦なるこの世の生が始まるという否定的な観点によるものであった。ところが、中世の胎内五位説になると、胎児は母胎の中で仏道修行を重ね、この世に誕生するのは成仏だという、きわめて肯定的な理論に変わっている。このことは非常に注目される。なぜならば、それまでは子供の誕生という本来祝福すべきことがらを仏教では素直に認めることができなかったのが、ここにはじめてそれを肯定讃美する理論が成立したからである。しかし、そのような理論はやがて仏教内では異端として排撃されて、修験道や神道理論に移されて展開することになった（以上、拙著『禅の中世——仏教史の再構築』、臨川書店、二〇二二参照）。

寺院での同性愛はもともと異性愛の代替的な役割を果たす面が大きく、稚児愛として少年を対象として発展した。男女の性的合一が子供の誕生に結びつくのに対して、男性の同性愛にはそのようなことがない。それだけ性愛の面が純粋化されてクローズアップされ、文化としての洗練に向かうことになった。稚児愛は稚児物語という独自の文学ジャンルを生み、また『稚児草紙』（『稚児之草子』）というそのものズバリのポルノ絵巻も作られた。これは元亨元年（一三二一）の写本が醍醐寺に蔵されている（摸本の複製は、稲垣足穂『多留保判男色大鑑』付録、角川書店、一九七七。翻刻は、足穂によるもののほか、今日、ネット上で新たに『稚児之草子』の翻刻や現代語訳が試みられている）。

その中で、注目される儀礼として「児灌頂《ちごかんじょう》」がある。これは天台宗で秘儀として伝えられていたが、今東光《こんとうこう》の小説『稚児』に紹介され、一躍有名になった。しかし、学術的研究ははるかに遅れ、辻晶子『児灌頂の研究――犯と聖性』（法藏館、二〇二一）において、はじめて諸本の比較がなされ、主要な写本の影印と翻刻が発表された。児灌頂の儀礼自体は特に性的な要素を含むものでなく、一般的な灌頂であるが、そこでは稚児が観音菩薩と同一視されるところに特徴がある。それによって一人前の稚児となり、「丸」と称することになる。児灌頂のいくつかの写本には注記が含まれ、そこでは天皇の即位灌頂との類同性が指摘され、能で知られる菊慈童《きくじどう》説話と関連付けられている。中世の天皇はしばしば幼年で即位したことから、児灌頂との近似が生じたのであろう。

性と王権の関係は異性愛においても認められる。慈円が、天皇の剣が妃の玉璽《ぎょくじ》を貫くことを夢に見たことはよく知られている。性的交渉により後継者の皇子が生まれることは、王権にとって切実な要請であった。ちなみに、親鸞の女犯は六角堂の夢告によって承認されるが（本書一八〇―一八一頁）、その夢告の偈《げ》には「玉女《ぎょくにょ》」という言葉が出てくる。この偈の原型は、『覚禅鈔《かくぜんしょう》』という東密系の事相書に見えるが、同時に、先の慈円の夢記にも王妃を「玉女」と記していて、関連が知られる（慈円は親鸞の師と言われる）。親鸞の最初の妻は「玉日《たまひ》」と伝えられるが、「玉女」を意識した名前であろう（拙著『親鸞——主上臣下、法に背く』、ミネルヴァ書房、二〇一六参照。また、松尾剛次『知られざる親鸞』、平凡社新書、二〇一二参照）。

このように、中世の日本仏教と性との関係は、単に「破戒」として済ますことができない多様で重層的な様相を含んでいる。興味本位のいかがわしい話題ではなく、中世の重要な「文化」として見直していくことが不可欠である。本書はそのためのよい手掛かりを与えてくれるであろう。

（すえき ふみひこ／仏教学、日本思想史、日本宗教史）

[著者]
松尾剛次（まつお けんじ）
1954年長崎県生まれ。日本中世史、宗教社会学専攻。山形大学名誉教授。東京大学大学院博士課程を経て、山形大学人文学部教授、東京大学特任教授（2004年度）、日本仏教綜合研究学会会長を歴任。1994年に東京大学文学博士号を取得。『勧進と破戒の中世史』『中世律宗と死の文化』『新版 鎌倉新仏教の成立』（いずれも吉川弘文館）、『仏教入門』（岩波ジュニア新書）、『葬式仏教の誕生』『知られざる親鸞』『日本仏教史入門』（いずれも平凡社新書）など、著書・論文多数。

平凡社ライブラリー 955
増補《ぞうほ》 破戒《はかい》と男色《なんしよく》の仏教史《ぶつきようし》

発行日…………2023年10月5日　初版第1刷

著者……………松尾剛次
発行者…………下中順平
発行所…………株式会社平凡社
〒101-0051　東京都千代田区神田神保町3-29
電話　(03)3230-6573［営業］
ホームページ　https://www.heibonsha.co.jp/

印刷・製本……藤原印刷株式会社
ＤＴＰ…………平凡社制作
装幀……………中垣信夫

ISBN978-4-582-76955-5